Marielu Lörler

Der Erleuchtete All-Tag

D1668878

Marielu Lörler

Der Erleuchtete All-Tag

ch. falk-verlag

Originalausgabe
© ch. falk-verlag, Planegg 1988
2. Auflage 1990

Satz: Indragni, Ascheberg-Herbern
Druck: F. Steinmeier, Nördlingen

ISBN 3-924161-21-6

Printed in Germany

Gudrun Knab 1/92

Inhalt

Danksagung

Fast wäre die Geschichte dieses Buches ein Science Fiction geworden, wenn nicht ihr gewesen wäret, meine Freunde, und mir Zeugen seid für seine Wahrheit. Ich danke euch allen, die ihr mitgeholfen habt, seine Vision auf die Erde zu bringen. Hoch und ewig leben seine Förderer:

Du, Christa, mutige Verlagsfrau. Dein Vertrauen und deine Unterstützung ist gute Medizin, Wohltat für mein Schreiben.

Ihr weisen „Großen Mütter": Ingrid, Ingeborg und Frau Dr. Weinert. Dank für euer Geben, für eure Adlersicht und Seelennähe.

Und alle Freundinnen der Neuen Zeit: Susa, Musch-Musch, Ruth, Gabriela, Elfi, Ute, Dagmar, Chris, Paula, Rhea, Ascentia, Sanni, Claudia, Gisela, Jutta, Ilse, Monika, Sabine, Regine, Gyanesha, Hella, Judy, Margit, Ina, Karin, Sigrid.

Und alle Freunde, Avantgarde der Männer: Jochen und Walter, Dr. Palm, Rick, Tobias, Wolle, Johnny-the-cosmic-Clown, Jürgen eins und zwei, Markus, Ruppert, Uli, Andreas, Rene, Kurt, Helge, Klaus eins und zwei und drei, Walter of Florida, David, Peter, Wim, Van, Clemens, Bobby, Chuck, Swift Dear, Percy, Eduardo, die drei Hänse, José, Castaneda, Narayana.

Dank ans Amselrad, Dank an die Schönbergers, Dank an alle meine Patienten, Dank an alle Kinder, die mit mir träumen.

Großen Dank an meine Eltern für ihr Lassen und Lieben und an meine sieben Brüder und Schwestern.

Und dir, Georg, meine Liebe für dein Teilen und Begleiten, für dein Bereichern. Danke dem Spirit von Raven und Dreaming-Bearwoman.

Danke an Santa Fe, Taos, den Tipirocks und Bandalier. Danke dem Berglöwen und seinem Traum.

Danke auch an euch, ihr Baumverwandten, für euer Herschenken, um Papier zu werden.

Ich schenke dieses Buch dem Neuen Traum der Erde.

Marielu Lörler

Vorwort

„Nicht das Licht wird geboren,
sondern die neue Materie, die LICHT-MATERIE.
Das LICHT war und wird immer sein."
Die Antwort der Engel

Wir leben in einer vogelwilden Zeit. Jeder von uns hat
sich dieses Abenteuer frei gewählt. Jetzt spüren immer
mehr von uns Zweibeinern, daß wir hier sind, um bestimmte Energien auf unserem Planeten zu bewegen, zu
bündeln, um das zu vollenden, was wir vollenden =
heilen wollen kraft unseres Handelns, das zurückreicht
zum kosmischen Urgrund.

Die Qualität der Energie hat sich verfeinert, sie zeigt
eine höhere Frequenz. Diese neue Schwingung schält
aus der Spirale des menschlichen Bewußtseins eine wesentlich neue Kraft frei, die ich hier mit „kosmischem
Bewußtsein" oder „holistischem Bewußtsein" bezeichne: der Mensch und das Ganze. Wir erinnern uns
wieder an die Allverbundenheit, wo kein Innen und kein
Außen, keine Zeit und kein Raum Trennung schafft. All-
mählich gestatten wir es wieder, uns von der Allmacht
berühren zu lassen, und setzen unser „Magisches Selbst"
ein. *Im-Magischen-Selbst-Sein* ist gleichbedeutend mit
In-der-Liebe-Sein. Wo Liebe ist, ist kein Ego. Wo kein
Ego ist, ist Ekstase, Freude. Jeder von uns Zweibeinern
ist vollkommen ausgerüstet für dieses aktuelle Erdenle-
ben. Jeder von uns weiß, warum er hier ist und welche
Tat er dem göttlichen Plan schenkt. Mit uns sind so viele
Helfer aus anderen Welten, die uns aufwecken, unser
Aschenputteldasein ins rechte Licht rücken, wo König
und Königin erwachen und das Land mit Reichtümern
verschönern. Alle Art von Heilung zielt darauf hin, daß
jeder Mensch sich wieder an seine Vision erinnert, sei-

nen Eigensinn zum Lebenssinn erhöht, sich als notwendige Einzelzelle innerhalb des großen kosmischen Organismus vom universellen Atem durchströmt und mit allem Leben verbunden fühlt. Dann weiß ich, daß jede meiner Handlungen oder Gedanken hineinreicht in den universellen Ozean allen Lebens, alles berührt, das All bewegt. So durchpulst von dieser Allmacht, beginne ich wieder Verantwortung zu übernehmen. Es ist dann meine freie Antwort, mein Ja zu mir, zu meiner Funktion im Ganzen. Es liegt an mir, ob sich Friede, Freude, Gleichgewicht manifestieren. Es gibt kein Warten, keine Erwartung an den Erlöser. Das Lösen ist in meiner Macht. Die Erde, unsere Mutter und freundliche Gastgeberin, bebt. Sie schüttelt den alten Traum ab, und sie reinigt, was sich ihrem neuen Traum widersetzt. Viele Menschen wollen sich immer noch bequem auf gewohnte Weise in den alten Erd-Traum einkuscheln, kosmischen Waisenkindern ohne Nabelschnur zu Mutter Erde und Vater Sonne gleich, ausgeliefert den sich immer wiederholenden Mustern von Licht und Dunkel, stark und schwach, Liebe und Haß, reich und arm, gesund und krank, gut und böse... Es ist an der Zeit, aufzuwachen, den Wandel aktiv und bewußt, als Mitwissende zu leben, hinzuhören, wie sich die Erde mitteilt und ankündet, was sie im Licht des Wassermanns träumt.

I. Der neue Traum der Erde

So spricht die Erde:

„Die Initiation habe ich Euch gezeigt im Licht von Tschernobyl. Seit diesem Moment ist alles, ich sage, alles auf und in mir verändert — auch Ihr. Die Wandlung geht bis in den tiefsten Kern unserer Zellen. Sie ist radikal. Inzwischen wißt Ihr es selbst. Ich bin froh, daß Ihr es wißt und mir nicht mehr nur glauben dürft. Ihr habt Eure Maschinen und Apparate genau zum richtigen Moment fertigentwickelt und könnt jetzt messen, daß das Maß voll ist. Ich kann nicht mehr den geringsten Energiemißbrauch halten. Wir können nicht mehr länger nebeneinander herleben, denn die Spannung zwischen uns ist zu groß geworden und drängt nach Entladung. Ich grolle Euch nicht. Ich bin nicht die Mutter, die sich für Euch opfert, daß tut nur Ihr. Alles, was ich bislang im Strom von Geben und Nehmen zugelassen habe, entspringt aus meiner Liebe zu Euch. Alles, was sich jetzt in meinem Körper reinigt, ist Liebe, nicht Strafe. Ihr braucht die Kraft der Liebe, um Euch selbst zu reinigen, um in meinem großen Wandel mitschwingen zu können. Liebe muß sich in Euch entzünden, damit sich Euer Schuldigfühlen löschen kann. Es gibt keine Schuld, und Ihr seid mir nichts schuldig. Freiwillig kann sich jeder meiner Liebe öffnen. Wir haben alles freiwillig gewählt. Euer Spiel hat „Ausgleich von Erfahrungen" geheißen. Ich war Euer Spielplatz dafür. Ich *war* er. Aber jetzt habe ich begonnen, einen neuen Traum zu träumen. Der Traum heißt Licht und Einklang. Aus Eurem Spiel ist soviel Energie freigesetzt worden, daß sich die Harmonie der kosmischen Gezeiten gestört fühlt. Das Meer bewegt sich. Es bewegt meine Liebe zu Euch. Meine Liebe zu Euch singt in jedem entwurzelten Baum. Meine Liebe zu Euch berührt Euer Herz, jetzt, wo die großen Baumwesen Euch zeigen, daß sie von mir gehen. Sie haben meinen Schutz verlassen, ihre Wurzeln liegen offen und zeigen in die Große Leere. Versteht Ihr?

Wir sind jetzt da angekommen, wo wir seit vielen tausend Sonnenkreisen vereinbart haben, uns hinzusehnen: Damals haben wir unsere Seelen zusammengelegt und uns gegenseitig das Geschenk versprochen, das „Spiel der Pole" miteinander zu spielen. Wir haben unsere Lichtfunken verdichtet, um uns im Begrenzten wechselseitig unzählige Erfahrungen zu schenken, um an einem bestimmten Energiezentrum anzukommen, von dem aus wir die Grenzen sprengen. Meine Liebe zu Euch hat Euch bis hierher begleitet. Und jetzt gebe ich Euch mein größtes Geschenk: Ich lasse Euch vollkommen los und übergebe Euch vorbereitet den Kräften des Lichts, in deren Liebe Ihr Euer wahres Zuhause finden werdet. Hört den Liedern der Bäume zu. Ihr glaubt, sie weinen. Aber seht, das seid nur Ihr selbst, von schlechtem Gewissen geplagt. Eure Baumbrüder weinen nicht — denn auch sie sind Akteure im großen Spiel — sie wissen. Hört ihnen zu. Sie zeigen Euch eine starke Medizin: Sie lösen ihre Wurzeln, und damit lösen sie sich aus der Mutter-Kind-Beziehung von mir. Dies ist ein heiliges Zeichen für Euch. Versteht Ihr? Auch ich bin nur eine Stellvertreterin — so wie Eure leibliche Mutter es für mich ist — einer viel umfassenderen Mutter — einer viel mächtigeren Liebe. Ihr gehört zur Großen Leere, dem Großen Kreis, dem Ur-Grund, der in sich die ganze Schöpfung enthält. Aus diesem Licht ist alles geboren, und es darf nichts getan werden, was den Kindern schadet. Damit Ihr das Licht und die Liebe der Großen Gebärerin deutlicher empfangen könnt, geschieht die Reinigung des Begrenzten. Seht, mit Eurer Energie, die weder gut noch böse ist, hat sich in meinem Ozonmantel ein Loch gebildet. Über diese Öffnung schaffe ich mir ein Ventil, und ich lasse alle Muster der Polarität dadurch ausströmen; zurück ins Universum schicke ich sie. Ich nehme von Euch alle Muster der gleichen Energie mit: seht, wir trennen uns von dem Fall in die Zwei, dem Zweifel, und übergeben uns dem Ein-Fall des Neuen. Denn mit Hilfe meines Trichters strömt ein neuer Strahl des Lichts ungeschützt auf mich und Euch ein. Diesem mächtigen Strahl können wir jetzt begegnen, es ist an der Zeit. Diesen Strahl empfangt Ihr wie ich über Eure Krone, da, wo die Quelle versiegelt war. Die Fontanelle beginnt wieder zu fließen, es ist der gleiche Fluß, der neue Lichtstrom von oben. Ihr müßt erkennen, wozu diese Energie vorgesehen ist, sonst ist sie zu mächtig und bläst Euch um wie einen morschen Halm. Bereitet Euch vor. Macht Eure Kanäle frei, damit kein Hindernis den Weg des Lichts versprerrt. Vertraut und entdeckt mehr und mehr das heile Kind in Euch, das um sein wahres Wesen, um sein wahres Heim weiß, welches in Euch lebendig wird als unbegrenzte, spontane Lebensenergie, und Ihr versteht den Heiligen Narren, den kosmischen Humor.

Im Gewohnten können wir uns nicht weiter begegnen. Ich, Eure Schwarze Mutter, die Erde, die ich bin, lasse Euch los. Ihr könnt aus freiem Willen wählen, ob Ihr weiter mit mir tanzen wollt oder ob Ihr Euch über ‚energische Provokateure‘ (gemeint sind Krankheiten im Energiesystem des Körpers wie Krebs und Aids) Euer Körpergefährt abstreift und Euch einen anderen Ort im Universum aussucht. Um mit mir weiterzuträumen brauche ich Euer Ja, Euer herzlichstes Einverstandensein. Jetzt ist die Zeit der Reinigung. Ihr könnt Eure Augen nicht mehr verschließen vor den Winden, die anders zu Euch sprechen als bisher. Sie künden bereits und rütteln an Euren sieben verschlossenen Toren. Meine Boten schicke ich aus, die Euch den Schlüssel geben. Siebenfach öffnen könnt Ihr dann. Einige von Euch haben meine Botschaft verstanden und schiffen ihre Boote aus aufs Große Wasser, das Ihr Unbewußtes nennt. Diese Aufgeweckten ruhen immer mehr in ihrem Tempel und lauschen der Stille, die heilig zu ihnen spricht. Schleier um Schleier lichtet sich der Nebel dann. Bewußtes Sein erlöscht alle Enge, alle Angst und klärt ihr Tun. Betrachtet die Kinder, die bei Euch sind. Seht sie mit dem einen Auge Eures Höheren Verstehens an und erkennt in ihnen die ganze Seele. Welch ungeahnte Macht! Beginnt mit der Reinigung Eurer Gedanken und Eurer Sprache. Das, was Ihr ‚Muttersprache' nennt, war nie meine Sprache. Ich bewerte nicht, ich tanze mit dem Tag und mit der Nacht. Es ist an der Zeit, Eure Sprache zu klären, damit das zu Fleisch gewordene Wort immer den Born des Lichtes trägt. Immer, wenn Ihr Euch einen schlechten Gedanken, ein böses Wort, Kritik oder Angst erlaubt, manifestiert Ihr damit die dumpfe, freudlose Schwingung, die ohnehin schon zäh und breit um uns ist. Sobald Ihr die Höheren Frequenzen des Universums in Eure Seelen einziehen laßt, Gedanken und Worte der Liebe aussendet, stärkt Ihr die Verbindung mit allen Lichtwesen. Insbesondere nehmt Ihr damit Kontakt zu den Engeln auf, die sehnlichst auf Eure Zusammenarbeit warten. Fördert in Euren Mitmenschen das, was Licht in ihnen ist, und Ihr werdet sehen, daß ganz schnell von alleine verkümmert, was Ihr gewohnterweise kritisieren wolltet. Sobald Eure Sprache und Eure Gedanken geheilt sind, wird Friede sein.

Es leben Seelen unter Euch, die freiwillig gekommen sind, um den Gang der Dinge zu beschleunigen. Tanzt mit dem Wort ‚Radioaktivität': der Strahl, das Strahlen, wird aktiv. Radioaktivität ist die Öffnung für Euch, die Euch zwingt, mit dem Unsichtbaren zu tanzen. Endlich ist es soweit! Es ist für viele Augen noch nicht sichtbar, aber dennoch ist es da und wirkt und kann sogar gemessen werden. Ihr müßt Euch dieser Energie zuwenden, sonst bringt sie Euch um. Sie zeigt Euch den Weg, das Begrenzte zu verlassen. Dazu werden Euch viele Gaben enthüllt. Ihr empfangt aus der Ewigen Lichtquelle alles, was Ihr notwendig braucht zum Wandel: neue Ideen, Inspirationen, die Ihr mit großer Geschwindigkeit wachtanzt, gestaltet und benutzt zur Erleichterung = Erleuchtung. Einige von Euch beginnen, diese Geschenke sinnvoll anzuwenden. Sie sind Instrumente, Werkzeuge für das große Werk der Heilung, der Ganzwerdung. Es ist Medizin, was Euch gegeben wird, ein Mittel, das in die Mitte führt. Zentrale Kraft in Eurem Leben. Wozu Ihr früher Jahre benötigt habt, braucht Ihr heute nur Sekunden. Ihr erkennt, ES kann sofort geschehen. Das, was Ihr so bewundert mit dem ‚Wunder'. Seht, jetzt beginnt die Zeit, wo Ihr alle Wunder vollbringen könnt, wo Ihr Eure Wesenswünsche aussendet und sofort ihre Erfüllung erfahrt, wo Ihr Eure Suche-Sucht ablegen könnt, weil Ihr einsgeworden mit dem Beweger in Euch. Der Tag ist da, wo Eure Seelen sich wieder aneinander erinnern. Der Tag ist da, wo Ihr Licht werdet und das ständig kreisende Karussell der Gezeitenströme, Tod und Wiedergeburt verlassen könnt. Empfangt die geistige Nahrung des Lichts. Schon jetzt haben Eure Seelen kollektiv beschlossen, kein neues Karma zu kreieren. Zelle um Zelle wird in Euch erwachen, dafür habt Ihr die ‚aktiven Strahlen'. Ich und das ganze Universum freuen uns auf Euer Geben. Aber was wollt Ihr geben, wenn nichts in Euch ist? Im Gewohnten könnt Ihr nicht empfangen und nicht geben. Die ‚Mater' (Materie), die Mutter sehnt sich zum Licht. Das gleiche Sehnen hat sich in Euch entzündet. Die Richtung hat sich verändert: die Fehler, das, was fehlt, nicht ganz = heil ist, werden sichtbar; nicht einmal im Gewohnten können sie sich verbergen. Das ist gut so. Das bringt die Kraft der Umkehr, der Wende. Diese Kraft ist kein Zurück. Diese Kraft ist Licht, das sichtbar macht, das enthüllt, die Hülle der scheinbaren Sicherheit wegschmilzt, das Unsichtbare, Neue offenbart, in dem sich das einzig Sichtbare kristallisiert.

In meiner Tiefe zentriert das Feuer meiner Liebe, mein ewiges Licht, meine Seele. Könntet Ihr doch alle die Sehnsucht meines erstickten Leibes ahnen, das Gewicht in diesem Feuer zu löschen. Wacht auf, geliebte Narren, und erweckt das Totgeschlafene zu neuem Leben. Bittet und fragt, es wird Euch immer Licht gegeben."

In dem neuen Traum der Erde können wir alle den apokalyptischen Charakter spüren. „Apokalypsis" heißt Enthüllung, Offenbarung. Es hat also nichts Erschreckendes und Vernichtendes in sich, vielmehr birgt es ein großes Geschenk: Es ist das Geschenk des neuen Zeitalters, das unter dem Zeichen des Wassermanns steht, welcher die geistigen Gaben des Himmels auf die Erde gießt. Die letzten 2000 Jahre brachte die Sonne den Menschen das Thema des Fisches. Hier galt es, auf den Erlöser zu warten, man erlebte Gott als außerhalb der eigenen Existenz. Es gab privilegierte Führer, die oft mit der eigenen Macht nicht heilig umzugehen verstanden, die den Nichterleuchteten Glauben, Dogmen, strikte Lehren aufbürdeten und sie abhängig machten. Angst und Nichterkennen der ursprünglichen Botschaft des Christentums haben gezeigt, was solche Energien auf die Erde bringen konnten. Der Zeitgeist des Zeichens der Fische ist am Untergehen. Ein neues Erwachen tut sich kund. Nicht nur in Europa, sondern überall auf unserem Planeten. Die Energie des Wassermanns hat viel mit dem ursprünglichen Pfingsten zu tun: Das Feuer des Großen Geistes trifft den Menschen an seiner Krone und krönt ihn wieder zu dem göttlichen Wesen, das er immer gewesen ist. Ab da, wo sich wieder alle Menschen gestatten, ihre Krone zu tragen, gibt es keine Rangunterschiede mehr unter ihnen. Jeder erinnert sich wieder an seine göttliche Potenz, und aus dieser Kraft heraus übernimmt er seine Macht und setzt seine Gaben und Talente ein an dem Platz, den er sich ausgewählt hat. Die Menschen beginnen wieder zu erkennen, daß sie gleich sind, gleichwichtig, gleich notwendig im großen Rund des Universums. Der neue Zeitgeist bricht schon in vielen Gemütern an. Sich an der Quelle des Wassermanns laben, bringt die Menschen wieder zueinander als Gleichgesinnte, als Freunde, die sich gegenseitig durch das Teilen, das Mitteilen ihrer Geschenke fördern. Dabei spielt es keine Rolle, ob ich durch das Teilen meiner Freude, meines Schmerzes, meines Problems, meiner Ideen etc. mich den Freunden offenbare; in allem ist Medizin, eine Lehre, die beim Wachsen hilft, die den Traum vermehrt. Im Fischezeitalter standen die geheimen Lehren nur einigen Auserwählten offen, die einen beschwerlichen, oft ein ganzes Leben füllenden Weg durchschreiten mußten. Jetzt, im beginnenden Wassermannzeitalter, öffnet sich das Wissen für alle Menschen, die wissen wollen. Es gibt keine Hierophanten und Gurus mehr. Alle lernen voneinander, ein jeder lehrt durch sein Licht, das er der allgemeinen Erleuchtung schenkt. So sind sich alle Lehrende und Lernende, Freunde, Mitwissende, Mitschöpfer, Mitträumer im Großen Werk der Heilung, der Vollendung des neuen Plans. Die Vision jedes einzelnen ist wichtig. Der Lebenssinn des Individuums, des Ungetrennten vom Ganzen, reicht hin zu allem Leben, zu Mineral, zu Pflanze, zu Tier, zu allen Menschen, zu den Ahnen, zu den spirituellen Helfern, zu den Traumkörpern, zu den Großen Gesetzesschreibern, zur Akashachronik, zu den Engeln und Urhebern aller Bewegung im Universum, zu allem, zum All. Wassermann ist Hochzeit von Himmel und Erde; Vereinigung der Gegensätze, Licht und Materie vermählen sich zu *Lichtmaterie*. In uns entsprechen diesen beiden Prinzipien unsere beiden Gehirnhälften. Unsere rechte Gehirnhälfte vermählt sich mit der linken: das holistische Gehirn wird geboren. Unser multidimensionales Wesen erwacht. Der Meister ist geboren. Die Wendezeit auf der Erde braucht den Menschen als Wesen, das sich wieder seiner Kraft der

Ganzheit erinnert und unabhängig von Normen handelt. Den Held, der das Labyrinth zu durchschreiten weiß, der die Quelle des Wissens kennt, der das Unsichtbare im Irdischen zu materialisieren versteht, der furchtlos die Idee empfängt und sie auf die Erde bringt. Die Große Mutter will den *aktiven* Menschen, der gestaltet und aufbaut, was für die große Heilung fördernd wirkt. Da „Zeit" zum alten Traum der Erde gehört — wie auch der „Raum", Illusionen des materiellen Menschen — ist auch hier eine neue Öffnung. Wir können uns bereits in die Neue Erde hineinversetzen und die Bilder, Gedanken, Visionen in unserem Herzzentrum reifen lassen und aus dieser Energie heraus das Neue gestalten. Wir müssen nicht mehr unter alten Mustern leiden, weiter reagierende Opfer sein. Wir haben die freie Entscheidungskraft. Es liegt an uns, ob wir weiter ein Herdenwesen bleiben wollen oder ein Lichtfunken im großen Feuer der Reinigung und Erneuerung.

Das generelle Thema der Neuen Zeit ist „Energie". „Energeia" heißt wirkende Kraft. Energie spiegelt sich heute in vielen Bereichen: materiell gesehen, begegnen wir ihr in der weltweiten Frage der Energieversorgung. Das natürliche Energiepotential der Erde wurde durch das Zurückgreifen der in den fossilen Brennstoffen gespeicherten Sonnenenergie zum Ausbluten gebracht. Man wollte sich nicht mehr auf die solare Energiekette beschränken. Auf geistiger Ebene wird Energie immer mehr Bereich von Heilern und Künstlern, der Energiekörper des Menschen wird sichtbar und Vehikel der Heilarbeit. Energie wird deutlich in Gleichgewichtsstörungen wie Krebs und Aids, Energie manifestiert sich in den radioaktiven Strahlen, in den atomaren Eingriffen. Energie wirkt aus den beiden Wellen des Wassermannsymbols $\approx\!\approx$. Die Grenzwissenschaften sind am Thema der Energie angelangt. Die Physik kennt den Energieerhaltungssatz, welcher besagt, daß Energie weder erzeugt noch vernichtet, sondern, und da liegt der revolutionäre Impuls, von einer Form in die andere verwandelt werden kann. Transformation ist der Schlüssel für das Tun der heutigen Menschen. Wir sind die Magier, wir können dafür sorgen, daß unser Tun wieder ins Gleichgewicht mit allen Emanationen der Schöpfung gelangt und Harmonie, Ein-Klang, Ein-Verstanden-Sein, Licht sich materialisieren. Der vom neuen Licht entzündete Mensch kann magisch eingreifen, die Entwicklung steuern, den Wandel bewußt durchwandern, die Energien schmieden, die für die Heilung notwendig sind. Das Sterben des Alten ist Wechsel, das Aufbrechen des Neuen ist Wechsel. So ist alles in Bewegung, in Veränderung. Die Bewegung, die sich aktuell auf unserem Planeten zeigt, ist der Weg der Reinigung. In allen Prophezeiungen der vier Rassen, der roten, der weißen, der gelben und der schwarzen, wurde seit langer, langer Zeit auf diesen aktuellen Moment der Erdbewegung aufmerksam gemacht. Die Einleitung zu diesem Geschehen gibt der Regenbogen. Seine Medizin ist die Vereinigung aller Kulturen, aller Traditionen, aller Rassen, allen Wissens und Verbindung, Brücke der beiden Welten, der materiellen Irdischen und der lichten Himmlischen. Der Regenbogen leitet das globale Bewußtsein wie ein alles verbindendes Band um die Erde. Die Medizin des Regenbogens ist zu uns gekommen. Es ist gut, diese Medizin zu verstehen und sie für unsere Heilung zu nutzen. Jede seiner Farben erweckt in unserem feinstofflichen Körper ein besonderes Energiezentrum. Sind alle Energiezentren als lebendige Räder erwacht, ist unser irdisches Dasein verbunden mit allen Energien im Universum. Wir sind ganz, heil, und beginnen nicht mehr „zerstückelt" = kulturspezifisch, rassistisch zu denken, sondern global. Die Bewegung des Globalen folgt der kreisenden Spirale. Wir verabschieden die Einseitigkeit des Linearen, was uns den Zusammenhängen des Lebens entwurzelt hat, und reihen uns wieder ein in den Großen Kreis, werden rund wie das Universum. Um ganz in die Energie des globalen Bewußtseins einzutauchen, ist die Reinigung von linearen Mustern Voraussetzung. Dazu zählt u.a. das Muster der Polarität, der Getrenntheit. Es tut gut, sich viel mit Reinigung, Klärung, Loslassen, Weg-Geben zu verbinden, damit sich das Neue leichter manifestieren kann. Denn das, was gereinigt werden muß, hat eine ganz niedrige Schwingung, ist wie ein verklebter Panzer aus Angst, Mißverstehen, Schmerz, Haß, Neid, Habsucht, Machtmißbrauch, Gewalt, der allen Energiekörpern des irdischen Lebens anhaftet und nicht von den feinen, hohen Energien des Lichts erreicht werden kann. Deshalb fühlen wir uns, wenn wir in den niederen Frequenzen sind, auch gottverlassen, isoliert, im Dunkel, ohne Licht.

Die große Reinigung

Es gibt viele Formen der *Reinigung:* Aus allen Erdteilen kommen Rituale und Therapien, z.B. die Schwitzhütte, die zurückgeht bis zur Altsteinzeit, das Eingraben des Körpers in den großen Leib der Erde; das Arbeiten mit Kristallen; Lichtarbeit und Channeling; Clearings an Plätzen der Erde, wo viel Gewalt geschah; Reinigungsrituale an Plätzen der Kraft, die vergessen oder mißbraucht worden sind; das Lösen der karmischen Muster . . .

Ich will nur kurz auf die einzelnen Reinigungsmöglichkeiten eingehen, denn der Fokus dieses Buches liegt auf dem Ermuntern zu Taten. Zusammenfassend stehen sie alle mit *Lichtarbeit* in Verbindung. Die *Schwitzhütte* wurde uns erst seit wenigen Jahren wieder durch die Indianer Nord- und Südamerikas geöffnet. Wir Abendländer exerzierten nur noch den physischen Aspekt im

Saunabad. Die Schwitzhütte wird aus Weiden gebaut, die achtfältig einen Kreis bilden und über dem Zentrum des Kreises zusammengebunden werden. Auf dem Boden in der Mitte wird ein ca. 80 cm tiefes Loch gegraben. Der kleine runde Bau symbolisiert den Schoß der Erde. Außerhalb der Schwitzhütte in Richtung Osten ist der Feuerplatz. Das Feuer symbolisiert die Kraft der Sonne, den geistigen Vater der Erdgäste. Am Tag, wo das Ritual der Reinigung gefeiert wird, ist es ratsam, zu fasten und sich ganz auf das Ereignis einzustimmen. Am schönsten ist es, die Feier nach Sonnenuntergang zu begehen. Wenn die Sonne am Himmel untergegangen ist, wird ihr Licht im entzündeten Feuer weitergetragen. Ca. 20 pfundgroße Steine werden nun im Feuer zum Glühen gebracht und dann in das kleine Loch innerhalb der bereits mit Decken völlig abgedunkelten Schwitzhütte gebracht. Was geschieht? Die Steine sind das Sperma von Vater Sonne und ergießen sich in die Vagina der Mutter Erde. Die beiden lieben sich und feiern hohe Zeit. Und wir, ihre Kinder, erinnern uns wieder an unsere Zeugung, der wir bewußt beiwohnen, und nehmen die Heilung der Erneuerung wahr. Die Gestaltung des Ablaufs in der Schwitzhütte kann jeder frei nach seinem Herzen erfinden. Der klassische Ablauf folgt vier verschiedenen Pfaden gemäß unseren vier Körpern. Man kann für die persönlichen Anliegen bitten, für die der Freunde, für die der Erde. Es steht einem immer die Möglichkeit des Weggebens zur Verfügung, wo ich mich von Krankheiten, Schwächen, alten Mustern, Beschränkungen etc. befreien kann. Die Hitze innerhalb der Hütte hilft da kräftig mit und lehrt einen das Loslassen, das Sich-Hingeben. Dadurch, daß alle laut sprechen, gibt jeder dem anderen das Geschenk des Spiegels, der Offenherzigkeit. Und wir erkennen, wie gleich wir alle sind. Die Feier der Schwitzhütte kann verschiedensten Anliegen gewidmet werden, die reinigende, heilende

Wirkung erzielen. Zum Beispiel am Ende des Jahres zur Verabschiedung des Alten und Öffnung für das Neue oder für die Anliegen der Kinder; für das Gleichgewicht des Lebens auf der Erde; für das Empfangen der „Vision", der persönlichen Aufgabe; oder für eine persönliche Heilung; als Vorbereitung für ein gemeinsames neues Projekt; um den Traum der Erde deutlicher mitzuerleben; oder um die feinstofflichen Energien sehen zu lernen; um die Verbindung mit den geistigen Verbündeten herzustellen . . . — es gibt da keine Grenzen. Wer selbst eine Schwitzhütte bauen und leiten möchte, sollte in diese „Medizin" eingeführt werden. Eine meiner Aufgaben ist es, dieses Geschenk weiterzugeben.

Das gleiche gilt auch für das Eingraben in den Leib der Erde. Es geht dabei um sehr starke Energien, die ein Sterben und ein Wiedergeborenwerden erzeugen, denen man nicht unerfahren gewachsen ist. Wer auch hier mehr wissen will, wende sich bitte an mich.

Reinigung mit Kristallen

In den letzten Jahren sind wieder unsere Verwandten aus dem Reich der Mineralien aufgetaucht, die Kristalle. Der heile Mensch nennt die Kristalle „das Gedächtnis der Erde". Gleichzeitig mit der Wiedererinnerung an die Medizin der Kristalle geht die Entdeckung der Computer einher. Worum es bei beiden geht, ist die Verknüpfung von Information. Wobei die Kristalle aus einem ganz anderen Hintergrund heraus zu uns sprechen als die Computer. Ein Computer enthält nicht mehr als die 9 Prozent des menschlichen Gehirns, welche wir nutzen. Ein Kristall kann die Botschaft des ganzen Universums empfangen und weitergeben. Ich will an dieser Stelle aber vorerst nur von der Möglichkeit der Reinigung mit Hilfe von Kristallen sprechen: Ein Kristall kann viel höhere Schwingungen oder Frequenzen empfangen als wir Menschen (zumindest, solange wir noch nicht ganz sind). Ich kann somit den Kristall benutzen, um Schwingungen, Botschaften oder Lichtemanationen von anderen Wesenheiten im Universum, die am Voranschreiten des Heilungsprozesses auf unserem Planeten interessiert sind, zu empfangen und sie auf die Erde wie einen Laserstrahl einfließen lassen. Für die Erde ist das wie eine Akupunkturbehandlung. Sie sehnt sich nach diesen höheren Lichtdosen. Die Energie der Kristalle ist so stark, daß sie durch den verklebten Erdpanzer durchkommt, der aus Emanationen der niederen Schwingungen der Menschen entstanden ist. Wie können wir nun so eine Kristall-Akupunkturbehandlung für das Leben auf der Erde durchführen? Am besten ist es, wenn man schon ein wenig mit der Medizin der Kristalle vertraut ist. Dafür gibt es Bücher oder Seminare oder Freunde, die einem da weiterhelfen können. Wichtig ist in unserem Beispiel, daß der Kristall eine makellose Spitze hat und vor seinem Gebrauch leer ist, also gereinigt wurde. Dazu können wir ihn für einige Stunden in Meersalzwasser legen oder gründlich unter fließendem Wasser abwaschen und dabei geistig die Intention aussenden: „Der Kristall wird rein". Dann geht man hinaus ins Freie und sucht sich seinen Platz für die Behandlung. Die einfachste Möglichkeit ist folgende: Man wendet sich zur Sonne und streckt ihr den Kristall entgegen, mit seiner Spitze nach oben gerichtet. Und nun bittet man die Kraft des Lichtes, seine Essenz in den Kristall einströmen zu lassen. Wir können dabei ruhig um Details bitten, z.B. um Licht, das die Verkrustung der Panzer aufschmilzt, oder um Licht für die führenden Menschen auf der Erde oder um Licht, das alle Menschen berührt und sie wieder selbst ihre Macht in die Hand nehmen läßt (Macht ist hier immer als durch Liebe ausbalancierte Macht verstanden!); um Licht für alle Kinder, daß sie nicht mehr Liebe, verquickt mit

Schmerz erfahren müssen, daß sie ihre Fontanelle geöffnet halten können; oder für Manifestation der Freude, für die Manifestation des Höheren Selbst im Menschen ... — all diese Essenzen des Lichts haben eine wohltuende Wirkung, wenn wir dann die Kristallspitze zart auf die Erde drücken oder sie über der Erde kreisförmig, dem Uhrzeigersinn folgend, bewegen und dabei fühlen, wie die Lichtbotschaft energetische Staufelder auflöst. Wir machen dies so lange, bis wir spüren, daß sich Heilung ereignet. Menschen, denen das Medizinrad vertraut ist, der Heilige Kreis, das Urmuster allen Lebens, begeben sich dazu in den Heiligen Kreis und suchen die Kraft der entsprechenden Richtung aus, die sie der Erde im Westen des Kreises zuführen wollen. Z.B. der Kristall, im Süden dem Himmel zugewandt, füllt sich mit der Kraft des Vertrauens und heilt alle Angst im Panzer, bringt Gleichgewicht der Emotionen, heilt und klärt alle Wasser auf der Erde, alle Flüsse, alle Seen, alle Meere, verstärkt die Bänder des Friedens ... oder ein Kristall, dem Norden zugewandt, hilft, wenn er so geladen der Erde „eingeimpft" wird, die Begrenzungen des Verstandes zu lösen, schenkt allem Tun Klarheit, befreit das Los der Tiere und säubert die Luft, läßt die Medizin der Sterne und der Winde sprechen ... oder ein dem Osten zugewandter Kristall schenkt dem Leben auf der Erde die neuen Ideen, die Inspiration (die Fleischwerdung des Geistigen), die Kreativität, schenkt Licht für unsere Visionen und Transformation kraft des Feuers. Im Südosten empfängt der Kristall die Botschaft der Ahnen und aller erleuchteten Menschen, die einst auf unserem Planeten gewirkt haben, er verbindet sich mit dem Erbe der Geschichte und prägt sich bereits die zukünftige ein. Im Südwesten lädt sich der Kristall mit der Medizin des Traumes auf, er kann so dem Leben auf der Erde verstärkt den aktuellen, gemeinsamen Traum einsingen. Im Nordwesten vibriert der Kristall mit den Großen Gesetzen und Zyklen des Universums und kann helfen, den neuen Zyklus deutlicher ins Leben zu bringen und persönliches Karma mit allgemeinem Karma zu verbinden und lösen helfen. Im Nordosten sprechen die Erz- oder Urkäfte des Universums, die Urheber aller Bewegung, zum Kristall und über ihn zur Erde. Immer, wenn der Kristall geladen ist, geht man in den Westen des Kreises, den Platz der Erde und der Mineralien, den Platz aller Planeten und entleert die Botschaft in die Erde. Bevor man sich einer neuen Richtung zuwendet, sollte der Kristall wieder gereinigt werden; am besten man hat für jede Richtung seinen speziellen Kristall. Ganz zum Schluß kann man den Kristall im Westen zum Himmel strecken und die Kräfte anderer Intelligenzen im Universum bitten ihre Kraft zu geben. Wer mehr über das Medizinrad wissen will, kann sich am Ende des Buches unter *Literaturempfehlung* orientieren oder sich an mich wenden.

Wir bekommen im Augenblick so viele Zeichen, die uns die Richtung des Wechsels andeuten, es liegt an uns, sie zu erden. Es ist kein Zufall, daß heute die Kristalle vermehrt wieder einen Platz im Traum des Menschen einnehmen. Sie erinnern und verknüpfen uns mit einem unserer alten Träume: dem *Traum von Atlantis.* Altanter sind wir alle. Dieses Erbe wurzelt in allen Seelen, die jetzt auf dem irdischen Plan sind. Das Karma, das wir durch Atlantis ausgelöst haben, war Machtmißbrauch. Wir hatten damals ein immenses Wissen, insbesondere über die Kristalle. Wir benutzten sie als Antennen bis hin in den letzten Winkel des Universums. Aber die Mehrheit hat damals die Erfahrung „Machtmißbrauch" gewählt. Unser magisches Handeln hatte den Kreis der Heilung verlassen und entschloß sich zu eigennützigen Versuchen. Heute begegnen wir dieser selben Energie wieder: in der Genforschung und ihren bereits ausgeführten Versuchen. Die menschliche Seele unterliegt immer wieder dem Wiederholen gleicher Muster. So eine Seele jedoch befindet sich immer noch im Energiefeld des Fischezeitalters, das jetzt als aktuelles Thema aber keine Bedeutung mehr hat. Die aktuelle, wache Seele erkennt ihre Multidimensionalität. Sie erforscht ihr Energiereservoir, das sich aus über 2000 verschiedensten Leben zusammensetzt, und lernt in dieser ungeahnten Fülle, Ordnung zu schaffen und strategisch ihr Wissen anzuwenden. Daher auch die Tatsache, daß im Moment sehr viele Heiler, Seher und Visionäre unter uns sind, die jetzt ihr Wissen und ihre Macht dem Heilgeschehen zukommen lassen. Denjenigen, die immer noch mit dem heißen Feuer spielen, den Gen- und Atomforschern, kann man Licht schicken oder Botschaften über die Kristalle, daß sie noch rechtzeitig ihr Bewußtsein erhellen. In Deutschland kommt aus seiner Geschichte noch ein anderes Thema hinzu: Das Karma der Nazizeit bedarf der Erlösung. Dazu ist es gut, sich die persönlichen Beziehungen anzuschauen, die stark unter dem Thema „Opfer und Täter" stehen. Jeder einzelne, der für sich so ein Muster löst, hilft, dieses Karma auszubalancieren. Oder ich schau' mir meine „feindliche" Beziehung an und beginne, sie zu „befrieden". Dies ist mein einzig wirksamer Beitrag zum Weltfrieden.

Die Erde zeigt uns noch einen weiteren Zusammenhang zweier Ereignisse: das in jüngster Zeit entstandene *Ozonloch* und das vermehrte Auftreten von *Channels*, Menschen, die ihre „Kanäle" frei machen, um Wesen aus anderen Ebenen des Universums sprechen zu lassen. Um das besser zu verstehen, müssen wir begreifen, daß der Körper der Erde nach dem gleichen Prinzip aufgebaut ist wie unser menschlicher Körper. Das, was also der Erde durch ihr Ozonloch geschieht, hat den gleichen Sinngehalt für uns. Über das Ozonloch, welches gleich einer Amöbe sich pulsierend ausdehnt und wieder zusammenzieht, hat sich die Erde ein viel stärkeres Licht der Sonne hereingeholt. Sie hat wieder ihre Fontanelle geöffnet und kann mit der Quelle allen Lebens verstärkt Verbindung aufnehmen. Über dieses Energiezentrum kommuniziert die Erde, wie auch wir Menschen, mit der Kraft des *Höheren Selbst* und mit allen Bewußtseinsformen des Kosmos. Der Kanal zu unserem Höheren Selbst ist der wichtigste. Ich beobachte die letzten Jahre sehr genau, was mit unserer Fontanelle, unserem Kronenchakra, geschieht. Ich kenne einige Kinder, deren Fontanelle sich nicht mehr zu schließen braucht. Diese „geöffneten" Kinder können magisch sehen, sie hören das neue Lied der Erde in ihren Träumen und bringen uns ungeahnte Weisheiten, Voraussagen, vollbringen „Wunder" etc... Auch bei einigen Erwachsenen öffnet sich der Schutzdeckel wieder, und auch sie erleben ganz neue Welten. Das dem neuen Licht Geöffnete verliert mehr und mehr die Energie seines Ego und taucht ein in die Liebe und Freude seines wahren ungetrennten Wesens. Im Höheren-Selbst-Sein löst fast allein die Probleme, die aus der Energie des Ego entstanden sind und gibt uns die Verantwortung, das aus anderen Welten Gehörte oder Geschaute zu handhaben. Die Erde braucht an die 144 000 freie Kanäle, Menschen, die eine höhere Schwingung, eine Botschaft des Lichts, „runterholen" und auf ihr wachtanzen. Den Auftakt dazu hat sie am 16. und 17. August 1987 gegeben: Damals hat sie 144 000 Menschen aufgeweckt, die sich zwei Tage lang in der Schwingung der Meditation, der Freude, der Liebe zu Kanälen freigaben, über die die neuen Impulse einströmen konnten, Impulse von anderen Galaxien und Kräften im All, denen viel daran liegt, daß der menschliche Wahnsinn die Erde nicht auseinandersprengt. Über dieses Ereignis wurde ein erheblicher Anteil der alten polaren Muster ins Licht geschickt, die „Krankheit der Getrenntheit" zu heilen begonnen und somit der verklebte Panzer um die Erde und um den Menschen durchlässiger gemacht. Jeder dieser Menschen wirkte als Akupunkturnadel und löste energetische Staufelder. Die Menschen, die nach dem unendlichen Plan leben, wußten schon lange von diesem Ereignis. Sie sprechen von dem bevorstehenden Beginn der 5. Welt. Die Höheren Oktaven der Ordnung (= Kosmos) wollen auf die Erde einströmen und im Bewußtsein des Menschen erwachen. Wer sich zu dieser „Kanalarbeit" inspiriert fühlt, findet auch hier über Freunde, die dazu ihre Talente haben, sicher Hilfe. Es kann aber auch ganz direkt in der Meditation geschehen oder dann, wenn sich der Kontakt mit dem Höheren Selbst hergestellt hat.

Eine weitere Hilfe zur Reinigung unseres Planeten ist die Reinigung oder das *Clearing* von Plätzen der Gewalt: Orte, wo Morde, Leid, Schmerz, große Verbrechen und Schlachten geschahen, halten diese Energien, wenn ihnen nicht die Möglichkeit einer Klärung gegeben wird. Dies können wir tun. Es ist gut, einen Kreis aus mehreren Menschen an dem betreffenden Platz zu bilden, in der Kreismitte einen größeren Kristall aufzustellen und den Seelen, die den Platz bewohnen, eine Brücke aus Licht zu visualisieren und sie an ihr wahres Zuhause zu erinnern. Meist spürt man, wenn sich in dem Energiefeld etwas zu ändern beginnt, entweder durch Zeichen der Natur (u.a. durch die Sprache des Windes), oder daß diejenigen, die sehen, erblicken, wie die Seelen tatsächlich ins Licht wandern.

Das gleiche können wir an Plätzen der Kraft tun, den Energiezentren der Erde, die vergessen oder mißhandelt worden sind. Einer solcher Hauptorte in Deutschland ist der Platz der Externsteine im Teutoburger Wald. Dies war eine Einweihungsstätte jener Atlanter, die den Untergang von Atlantis überlebten. Nachdem wir so einen Platz von der niedrigen Schwingung befreit haben, die hauptsächlich durch Vernichtungsversuche der ursprünglichen Kraft und durch Ignoranz entstanden ist, können wir die Höheren Lichtwesen bitten, diesen Ort wiederzubeleben. Dann können wir uns wieder an die Vibration der Ur-Kraft anschließen und es machen wie damals die Druiden, die sich einfach an bestimmten Kraftfeldern auf die Erde setzten und sich ganz diesen Impulsen öffneten. Auf diese Weise ist Lernen auch möglich. Dadurch, daß alle Großen Plätze der Kraft über die sog. „Langen Linien" miteinander verbunden sind, wird auch hier wieder unser globales Bewußtsein geschult. Wir können somit an den Externsteinen sitzen und meditieren und gleichzeitig Kontakt mit der Black Mesa, dem Kraftplatz der Hopis, aufnehmen, oder mit dem Geist der Inkas auf Machu Picchu oder den 500 Jahre jungen Tibetern im Himalayagebirge oder den ägyptischen Pyramiden . . . *Geomantie* nennt sogar schon die Wissenschaft dieses Wissen. „Gespür für die Erde als Ganzes" ist damit gemeint.

Generell sind alle Reinigungspraktiken Lichtarbeit, die den ganzen Planeten betrifft und noch darüber hinaus das Ganze, das All. Licht ist Bewußtheit, Einsicht, aktiv an der Entwicklung unseres Planeten mitzugestalten. Wir sehen, daß wir einen neuen Kreis aufbauen, den Lichtkreis. In diesem Kreis kommt es nicht auf die Quantität seiner Mitglieder an, damit er stark genug leuchtet und sich das vom Licht Getrennte wieder zu Licht einigen kann. Das mag ein einfaches Beispiel veranschaulichen: Ich stelle mir vor, ich betrete einen dunklen Raum, ich zünde eine Kerze an und es wird Licht. Und nun umgekehrt: Ich stelle mir vor, ich bin in einem hellen, lichten Raum und versuche, durch ein Fenster die Dunkelheit hereinzulassen, und ich sehe, wo Licht ist, kann das Dunkle nichts ausrichten, es ist machtlos, ohne Wirkung. Der Tanz des Lichtes hat keine Schwierigkeit mit dem Dunklen, denn es existiert nicht in seiner hohen Schwingung.

Seit Silvester 1986 geht um die ganze Erde eine planetarische Heilmeditation. Sie wird jeden Monatsletzten um die gleiche Zeit ausgeführt. In Deutschland von 13 Uhr bis 14 Uhr. Die Energie ist zu dieser Stunde wunderbar. Ich spüre jedesmal die Freude der Erde. Oft zeigt sie den Menschen in der Meditation einen Teil ihres Traumes. Es ist schön, zu diesem Ereignis zusammenzukommen und einen starken Lichtkreis zu bilden.

Hier der Text, der zu Beginn der Meditation vorgelesen wird:

Die planetarische Heilmeditation

„Im Anfang
Im Anfang Gott
Im Anfang erschuf Gott Himmel und Erde.
Und Gott sprach, es werde Licht, und es ward Licht.
Jetzt ist die Zeit eines neuen Anfangs.
Ich bin ein Mit-Schöpfer Gottes,
und es wird ein neuer Himmel sein,
wenn der gute Wille Gottes
durch mich auf Erden
zum Ausdruck gebracht wird.
Die Erde ist das Königreich
des Lichts, der Liebe,
des Friedens, des Verstehens.
Und ich trage durch meinen Teil dazu bei,
die Wirklichkeit dieses Königreichs
zum Vorschein zu bringen.

Ich fange mit mir an.
Ich bin eine lebendige Seele
und der Geist Gottes wohnt in mir
als Ich.
Ich und der Vater sind eins
und alles, was der Vater hat,
ist mein.

Wahrlich, ich bin der Christus Gottes.
Was von mir wahr ist,
ist auch wahr von jedem anderen.
Denn Gott ist alles, und alles ist Gott.
In jeder Seele erkenne ich nur den Geist Gottes.
Und jedem Mann, jeder Frau, jedem Kind
auf dieser Erde rufe ich zu:
Ich liebe dich, denn du bist ich.
Du bist mein heiliges Selbst.

Ich öffne jetzt mein Herz,
und ich lasse die reine Essenz
bedingungsloser Liebe ausströmen.
Ich sehe, wie diese Liebe
als goldenes Licht
aus dem Zentrum meines Seins hervorstrahlt,
und ich fühle ihre göttliche Schwingung
in mir, durch mich, über mir und unter mir.

Ich bin eins mit dem Licht.
Ich bin erfüllt von dem Licht.
Ich bin erleuchtet durch das Licht.
Ich bin das Licht der Welt.
Fest entschlossen, sende ich dieses Licht aus
und lasse die Strahlen von mir ausgehen,
damit sie sich mit den anderen Lichtern verbinden.
Ich weiß, dies geschieht
in diesem Augenblick überall auf der Welt.
Ich sehe, wie alle Lichter sich vereinen.
Wir sind das Licht der Welt.

Das eine Licht der Liebe,
des Friedens und des Verstehens
strömt aus.
Es fließt über den gesamten Erdball
und berührt und erleuchtet jede Seele,

die im Schatten der Täuschung lebt.
Und wo Dunkelheit herrschte,
wohnt jetzt das Licht der Wahrheit.

Und das Leuchten wächst,
es durchdringt, es durchstrahlt
jede Form des Lebens.
Jetzt gibt es nur noch die Schwingung
des einen, vollkommenen Lebens.
Alle Reiche dieser Welt antworten,
und der Planet erwacht zum Leben
im Licht und in der Liebe.

Es herrscht vollkommene Einheit,
und in dieser Einheit sprechen wir das Wort:
Das Gefühl des Getrenntseins sei aufgelöst.
Die Menschheit kehre zurück zur Gottheit.
Friede wohne in jedem Herzen.
Liebe fließe aus jeder Seele.
Vergebung regiere das Gemüt.
Verständnis sei das verbindende Band.

Und jetzt antwortet aus diesem Licht der Welt,
das wir sind,
die eine Gegenwart und Macht des Universums.
Die Tätigkeit Gottes
heilt und harmonisiert den Planeten Erde.
Die Allmacht manifestiert sich.

Ich sehe jetzt die Rettung des Planeten
direkt vor meinen Augen,
alle falschen Überzeugungen
und fehlerhaften Muster
haben sich aufgelöst.
Das Gefühl des Getrenntseins ist vorüber,
die Heilung hat stattgefunden,

und die Welt ist zurückgekehrt
zu geistiger Gesundheit.

Dies ist der Beginn des Friedens auf der Welt
und des guten Willens für alle Menschen,
da die Liebe aus jedem Herzen strömt,
Vergebung in jeder Seele regiert,
und jedes Herz und jedes Gemüt
eins ist in vollkommenem Verständnis.
Es ist getan. Und so ist es."

Jeder, der von dieser Heilmeditation weiß, möge die Information bitte weitergeben, ebenso den Text.

Außerdem gibt es noch die tägliche 12 Uhr Mittags-Meditation: eine volle Minute Stille, die dem Weltfrieden geschenkt wird. Dieses tägliche Ereignis sollte auch von den öffentlichen Medien, wie Rundfunk und Fernsehen, publik gemacht werden.

Zu dem Thema der Reinigung von karmischen Mustern werde ich im dritten Kapitel unter Heilen = Ganzwerden im Zusammenhang mit der Reinkarnationsarbeit sprechen. Vielleicht nur kurz eine Bemerkung voraus:

Wir müssen aufwachen und der Tatsache *Radioaktivität* zu begegnen lernen. Tschernobyl ist bei den meisten schon wieder vergessen. Wir müssen erkennen, daß sich die freigewordene Strahlung nicht so schnell auflöst und wir mit ihr auf andere Weise kommunizieren müssen als von der gewohnten Opferrolleneinstellung her. Jeder einzelne von uns hat dazu beigetragen, daß es zu Atomversuchen und zum Öffnen der uranbergenden Plätze gekommen ist. *Alles, was uns geschieht, haben wir selbst inszeniert.* Es ist wichtig, für ein Fortleben auf unserem Planeten die „Medizin" der freigewordenen Radioaktivität zu verstehen. „Der Strahl, das Strahlen, wird aktiv. Radioaktivität ist die Öffnung für Euch, die

Euch zwingt, mit dem Unsichtbaren zu tanzen ... sie zeigt Euch den Weg, das Begrenzte zu verlassen." So heißt es im *Neuen Traum der Erde*. Die Frequenz der radioaktiven Strahlung, meist sind es Gammastrahlen, ist sehr hoch. Bleibt unser Körper träge in der alten, niederen Schwingung, so ist er der Kraft dieser hohen Schwingung nicht gewachsen. Verstehe ich das Ereignis der Radioaktivität nur wieder als Gemeinheit der regierenden Häupter, die über mein privates Leben hereinbricht, so bin ich wieder in der alten Opferposition gefangen und bin innerlich bereit für Krebs. Radioaktivität ist die Herausforderung an uns alle, uns unserer Allmacht wieder bewußt zu werden, unser getrenntes Ich wieder mit der Göttlichen Quelle zu vereinen und aus dieser Erleuchtung heraus dem Neuen zu antworten. Bin ich in diesem Licht vereint, so bin ich selbst wieder in einer sehr hohen Schwingung. Es ist die dem Menschen von Geburt an eigentümliche Schwingung, die wir über lange, lange Zeit brachliegen ließen. Wir wissen inzwischen auch von wissenschaftlicher Seite, daß jede einzelne Körperzelle Licht aussendet. Es wird nicht mehr lange dauern, daß bald alle den Lichtkörper des Menschen wieder sehen können. Bin ich nicht im Widerstand zu den radioaktiven Schwingungen, sondern öffne ich mich ihrer Energie, ihrer Medizin, so erfahre ich folgendes:

Über die Radioaktivität ist auf unserem Planeten ein „Mehr" entstanden. Dieses mehr tut sich in meinem Körper kund als ein ihm eingespeichertes strahlendes Teilchen. Gebe ich diesem Teilchen keine Funktion, keine Aufgabe im Gesamtgefüge des Körpers, so beginnt es, virulent zu werden, geht in die Eigenständigkeit und produziert Eigenvisionen, die wir Krebs nennen. Dies ist dann wieder die re-aktive Einstellung, mein Opfersein-Wollen. Tauche ich jedoch in das Licht meiner göttlichen Quelle ein, die in mir wirksam ist, so bekomme ich sofort folgende Information: Es ist notwendig, daß dem neuen

Teilchen eine *Aufgabe* gegeben wird, so daß es als funktionierende Zelle im Austausch mit allen Zellen im Körper wirken kann. Jetzt sehe ich, daß ich ja etwas bekommen habe. Eine neue Zelle. Und ich gebe ihr natürlich eine Aufgabe, die für meine Ganzwerdung oder Gesundung hilfreich ist. Ich persönlich gebe meinen strahlenden Zellen die Aufgabe, mein Ego zu erlösen und die Kraft meines Höheren Selbst zu manifestieren. Dieser Befehl, den ich täglich in der Meditation aussende, wird in meinen Gedächtniszellen im Gehirn gespeichert, und es funktioniert! Der Radioaktivität so zu begegnen, erlebe ich als kreativ. Ich benutze den Energieerhaltungssatz und transformiere. Die Ausrichtung der Transformation, des Verwandelns ist Heilwerden.

Über die Radioaktivität wird sich das Gleichgewicht auf unserem Planeten wieder einpendeln. Das ist ihre Medizin. Ich reihe diese Energie ebenfalls unter das Thema der kollektiven Reinigung ein. Die Erde reinigt darin die niederen Schwingungen und fordert den Menschen noch einmal zu einer klaren Entscheidung auf: Willst du hierbleiben oder willst du anderswo im Universum deinen Platz finden? Es ist wichtig, die hohe und beschleunigende Energie der radioaktiven Strahlung zu integrieren und ihr nicht feindlich zugewandt zu bleiben. Dies scheint mir die Abschlußprüfung zu sein, die Herausschälung des Wassermann-Menschen aus dem Fische-Menschen. Es ist der Weckruf zur Geburt eines neuen Bewußtseins, zur Geburt einer neuen Welt, einer neuen Erde.

Zur radioaktiven Strahlung gesellt sich noch eine neue Form der Strahlung, nämlich die Frequenz, die uns über das geöffnete Ozonloch der Erde trifft. Nicht nur auf physikalischer Ebene, — daß die ultraviolette Strahlung der Sonne verstärkt das Leben der Erde berührt —, sondern auch auf geistiger Ebene geschieht etwas: Alle Emanationen des Universums können leichter zu uns eindringen. Es sind die spirituellen Helfer von anderen Planeten oder Sonnensystemen, die uns erreichen wollen, damit wir uns dessen bewußt werden, was gerade auf unserem Mutterplaneten und mit allem Leben auf der Erde geschieht. Diese Wesen sprechen von der großen Reinigung. Sie bezeichnen die neue Energie, die sich manifestieren wird, als die *Kraft des Herzens.* Unsere Welt ist die Welt des Herz-Chakras — aber das kollektive Herz ist noch nicht geöffnet. Alles, was wir tun können, um das Leben auf der Erde zu erhalten, ist, Licht auf die Erde zu bringen. Das Instrument dazu ist unser Herz. Dies wird durch die neuen, hohen Strahlen beschleunigt. Sie zwingen uns, mit dem Spiel der Polarität, dem Spiel der Getrenntheit, dem Spiel des Ego, dem Spiel der Dreidimensionalität aufzuhören... sie zwingen uns, endlich das Geschenk der Großen Liebe anzunehmen: die *Gottgeburt im Menschen.* Dieses Geschenk an den Neuen Menschen kann ich erst erleben, wenn ich beginne, die Begrenztheit meiner dreidimensionalen Wahrnehmung der Wirklichkeit aufzugeben. Und hier berühre ich wieder das oben angedeutete Thema der Karmaarbeit. Über die hohen Frequenzen der neuen Strahlungen geschieht etwas wesentlich Neues an unserem Emotionalkörper (= Solarplexus), was ich an späterer Stelle noch ausführlicher beschreiben werde. Zusammengefaßt sei hier nur erwähnt, daß sich das Wissen der gelebten Leben im Menschen selbst wieder öffnet und wir über die Schwelle des Dreidimensionalen ins Multidimensionale schreiten. Diese Öffnung befreit uns dermaßen, daß in uns endlich der innere Meister erwacht und unser eigenes Wissen uns wieder selbst heilen wird. Die Menschen werden sich untereinander als Ganzheiten sehen, als Spiegel ihres göttlichen Wesens. Und dieses Sehen kann nur noch *Liebe* zum Ausdruck bringen. Und damit geht es nicht mehr um das persönliche Überleben, sondern um das kreative Mittönen im Orchester des universellen Lebens. Unser individuelles Herz schlägt wieder gemeinsam mit dem kosmischen Herzen. Dabei ist folgender Aspekt interessant: Das Herz als Organ wird innerviert von einem eigenen Reizleitungssystem, bekommt seinen Impuls nicht von der großen Nervenzentrale des Gehirns. Die Mediziner nennen die zentrale Befehlsstelle des Herzmuskels den Sinusknoten. Als ich die Anatomie des Menschen studierte, habe ich immer gefragt, woher denn der Sinusknoten selbst seinen Impuls bekommt? Erst heute wird mir klar, daß ein Herz dann gesund wird, wenn sein zugehöriges Energiezentrum aufgewacht ist, nämlich das Herzchakra. Und: Der Sinusknoten wird innerviert über eine spezielle Energie, die durch die Ausschüttung eines Hormons bewegt wird. Produzent dieses Hormons ist die Thymusdrüse. „Thymos" heißt Lebensenergie. Das Herz ist das zentrale Organ des Lebens. Wenn es also in unserer Zeit darauf ankommt, das Herz zu öffnen, dann müssen wir lernen, mit der Thymusdrüse wieder in Kontakt zu kommen (eine ähnliche Aufgabe besteht darin, die Zirbeldrüse aufzuwecken, die das Dritte Auge belebt). Aus der Sicht der Schulmedizin gilt es als „normal", wenn sich zu Beginn der Pubertät die Thymusdrüse zurückbildet und ihre Funktion fast gänzlich niederlegt. Man weiß aber inzwischen von Yogis und Menschen, die ihren spirituellen Körper mit den anderen dreien, dem physischen, dem mentalen und dem emotionalen verbinden, daß sich die Thymusdrüse nicht zurückbildet. Aus meinem Höheren Verstehen weiß ich, daß sich da eine große Veränderung ankündigt. Das gesunde Herz, das heißt, ein Herz, das ganz ist, das denken, fühlen, sehen und strahlen kann, muß Zentrum all unserer Körper werden. Aus meinem eigenen Tanz mit einer „anormalen" Thymusdrüse weiß ich, daß wir wieder lernen müssen, dieses Hormon zu produzieren und ihm die Aufgabe zu vermitteln, unser Herz zu beleben. Dies wird uns helfen, aus der Gefangenschaft der unteren Energiezentren mit dem Thema Sexualität, Schöpfungskraft, Emotionen etc. herauszutreten und sie mit den oberen Energiezentren zu verbinden. (Auch darüber werde ich an späterer Stelle, insbesondere im Zusammenhang mit Aids, vertieft eingehen.)

Was können wir konkret tun?

◯ Die generelle Medizin heißt: Gehe in deine Aktivität. Erinnere dich wieder deiner Lichtnatur und gebrauche das Licht als Heilinstrument der Verwandlung. Atme Licht über deine Fontanelle ein, schöpfe sie aus der universellen Lichtquelle und laß seine Energie deine Stirnmitte berühren, so daß dein Höheres Verstehen erwacht, laß es zur Halsmitte fließen, so daß deine Besonderheit, eine Medizin des Sprechens, deine heile Sprache, erwacht, und fülle den nie versiegenden Lichtstrom in die Mitte deines Herzens, heile das Zentrum deines Seins mit dieser hohen Schwingung, erleuchte dein inneres Heiligtum, erwecke dein Göttliches Sein, und diese Kraft, diese Essenz der Liebe, laß ausströmen, dieses Geschenk gib du als deinen Beitrag zur kollektiven Heilung des Herzens. Bin ich in dieser kosmischen Licht-Beatmung, so leuchtet um meinen physischen Körper ein gleißendes Licht mit einer so hohen Frequenz, daß keine schädliche Strahlung mich mehr berühren kann. Es ist heilend, sich nicht mehr aus Angst vor irgend etwas zu schützen (was physiologisch immer ein Zusammenziehen verursacht und eine sehr niedrige Frequenz zeigt), sondern sich auszudehnen, sich geistig hinzuvisualisieren zur Quelle des Lichts, die Kraft des Universums hereinzuholen und auszustrahlen: selbst wieder zu strahlenden Menschen zu werden, zu Lichtfunken, zu kleinen Sonnen. Wenn wir die eigene Sonne wieder in Aktion setzen, das eigene Strahlen wie homöopathische Medizin einnehmen, können wir mit dem neuen

Tanz „Radioaktivität" Schritt halten. Daraus ergeben sich viele Anwendungsgebiete: Wir können z.B. alles, was wir essen (was heute fast immer belastet ist), vor seinem Verzehr mit Licht reinigen. Dabei können wir uns vorstellen, daß wir wieder über unsere Fontanelle Licht aus der universellen Lichtquelle einatmen und es in unsere Hände fließen lassen; wir können dabei beide Hände, mit den Handflächen nach unten gerichtet, über die Speisen halten. Auch das Wasser, das wir trinken oder das wir zum Waschen benutzen, können wir auf diese Weise für uns unschädlich machen. Wir können uns als Transmittoren dieses Hohen Lichts herschenken und es den Bäumen, den Pflanzen, den Tieren, der Saat senden; auch den Mitmenschen, die Hilfe brauchen, die Licht brauchen. Und den Ländern, die gerade große Schwierigkeiten haben ... Aber am wichtigsten ist es zunächst, daß wir es für uns selbst tun. Wir können das Licht auch bis zum Solarplexus herunterfließen lassen und über den Solarplexus Licht nach außen ausstrahlen. Das verwandelt sofort Angst. Wir erleben dabei ein Ausdehnen, ein Wachsen und schließlich Freude in der Erfahrung der Allverbundenheit.

Ich will an dieser Stelle eine Licht-Reinigung mitteilen, wie ich sie gleich zu Beginn von Tschernobyl von meinem Höheren Selbst empfangen habe:

Es ist gut, sie jeden Tag auszuführen:

○Lichtreinigung:

Ich setze mich an einen ruhigen Platz zur Meditation. Ich schließe die Augen und stelle mir den universellen Ozean des weißen Lichts vor. Aus diesem unbegrenzten Göttlichen Licht hole ich mir mit dem Einatmen Licht über meine Fontanelle herein und verteile seine Energie im ganzen Kopf. Ich gieße es über die gesamte Innenseite meines Schädels, zu den Augen, zur Nase, über meine Wangen zu den Ohren, in die Mundhöhle,

41

zu den Zähnen, zur Zunge, ich lasse es tiefer fließen und spüle meinen ganzen Hals aus mit dieser hohen Lichtdosis und fahre so fort an alle Stellen meines Körpers bis hin zu den Füßen. Jedesmal, wenn das Licht an einem bestimmten Teil meines Körpers ist, spreche ich den Befehl: „Ich fordere die Zellen meines Kopfes, Halses, Herzens ... auf, sich der Ordnung des weißen Lichtes anzuschließen!" Zum Schluß, wenn der ganze Körper lichtdurchflutet ist, spüre ich, wie sich mein Aurafeld verstärkt und ich höhere Schwingungen wahrnehmen kann, weil ich „akklimatisiert" bin.

Durch diese Lichtwäsche fühle ich mich jedesmal völlig ohne Angst, an den neuen Strahlungen Schaden zu nehmen.

Radioaktivität ist nichts anderes als Licht. Die Gammastrahlen lassen Stück für Stück die Materie, das Verdichtete, zu Licht zerfallen. Im großen Evolutionsgeschehen heißt das für uns: Wir befinden uns in dem Prozeß, Lichtkörper zu werden. Die hohe Strahlung verringert den Erdmagnetismus. Das hilft uns, zu erkennen, daß wir frei sind, frei gewählt haben, auf der Erde zu leben. Es zeigt uns, daß wir nicht im Widerstand zum Neuen Traum der Erde sein müssen, sondern uns hingeben sollen, uns einweihen in den inneren Sinn der Verwandlung. Das Geschenk der hohen Strahlen ist Motor zur Geburt des kollektiven holistischen Bewußtseins. Es verbindet den Menschen wieder mit der Kraft des Ganzen, mit der Ganzheit seiner vier Körper, mit seiner Funktion im Universum. Mit der Begrenztheit des linearen Verstehens können wir den neuen Spielgefährten nicht begegnen. Das Neue, welches identisch ist mit der Multidimensionalität, mit der Göttlichkeit des Menschen, kann nicht linear erfaßt werden. Es ist rund, es bedarf der vier Hauptkoordinaten des Kreises, welche die vier Körper des Menschen sind, die ihn zentrieren zur Mitte, zur Einheit, zur Quelle allen Seins.

4-Körper-Einheit Mensch

mental (Luft)

physisch (Erde) spirituell (Feuer)

emotional (Wasser)

Es ist ein kosmisches Gesetz, daß alles Leben dem Prinzip der Spirale folgt, den auseinander hervorsteigenden Kreisen. Es wird Zeit, daß sich der Mensch wieder in diese Ordnung einreiht. Dazu sind ihm jetzt Werkzeuge gegeben wie Radioaktivität und Aids, die ihn wieder mit seinem Unsterblichen, seinem Unbegrenzten, verbinden, ganzmachen: seinem Lichtwesen oder seinem spirituellen Körper. Kollektive Aufgabe ist, uns an die hohe Frequenz der radioaktiven Strahlen anzugleichen, was geschieht, wenn wir uns über die Licht-Ein- und -Ausatmung zu Licht verwandeln und dadurch unser Herzzentrum beleben. Nur wenn wir weiter im Widerstand und in der Ignoranz der Opfer bleiben, kann die Herausforderung zur Heilung gefährlich werden. Für's große Reinigungsgeschehen der Erde wirkt es fördernd, wenn wir aufhören, Radioaktivität, Aids, Erdbeben, Krieg, etc. ... als Bestrafungsmaßnahmen zu sehen. Das Universum ist Liebe. Das Universum ist nicht an Bestrafung interessiert. Der Große Geist denkt nicht in Polaritätsmustern. Um was es geht, ist ein großer Wechsel. Eine Kraft, die noch nie auf der Erde gewesen ist, will sich manifestieren und einen völlig neuen Traum wachtanzen. Die in den Heiligen Plätzen schlafende Schlange ist aufgewacht und schüttet ihre Medizin über die Menschen — so sprechen die Hopis, die Menschen, die immer nach dem unendlichen Plan gelebt haben. Die

Energie der Schlange ist das abgebaute Uran in den Heiligen Bergen. Spirituell betrachtet, ist es die aufsteigende Schlangenkraft, die Kundalini-Energie, die von den unteren Energiezentren über die Wirbelsäule nach oben aufsteigt und über das Kronenchakra in die Weite des Kosmos' explodiert. In dem Moment ist die Person, das Getrennte, das Ego weggeblasen, und der Mensch erlebt die reinste Form der Ekstase. Unser kollektives Lernen über Radioaktivität erschafft uns also die Öffnung zur Manifestation der Freude, der Einheit, der Liebe. Jeder Tag ist All-Tag, Manifestation des Alls, der All-Liebe und damit Sonntag, Licht-Tag, Feier-Tag. Es wird keine Unterscheidung mehr geben, die einen Tag lichter, göttlicher macht als den anderen!

Sehr viel Liebe ist im Moment dem Geschehen auf unserem Planeten zugewandt. Uns ist eine Lichtbrücke, eine Verbindung, gegeben worden, die heute auch anders zu uns spricht als zu früheren Zeiten: der *Regenbogen.* Er zeigt sich vermehrt als Kreis um die Sonne und um den Mond, und sehr oft zweifach gespannt. Dies sind alles Zeichen, die wir erden lernen müssen. Es ist die Sprache des Himmels, die jeder von uns schon einmal gesprochen hat und die wir wiederfinden, wenn wir unser Herz öffnen und lieben. Wenn ich den Regenbogen liebe, vereinige ich mich mit ihm, bin er selbst und verstehe.

Ein Geschenk des Regenbogens (eigentlich heißt er Lichterbogen) ist, daß er reinigt. Früher ist er immer als Gefährte eines Gewitters oder eines Regengusses aufgetaucht, also wenn sich die Erde gereinigt hat, wenn eine elektronische Ausbalancierung stattfand. Und heute? So oft sehe ich jetzt den Regenbogen zu den ungewöhnlichsten Zeiten auftauchen und meist noch in neuen Formen, in Kreisen um die Sonne, mitten am Tag, oder in Spiralen am Dämmerungshimmel. Gerade jetzt, wo ich das schreibe, hier in Santa Fe (USA), auf 2300 m Höhe, zeigt sich der bunte Lichterbogen, kreisförmig züngelt er sein Band um die Sonne. Und im Moment empfange ich von ihm die Botschaft, daß er den Menschen jetzt hilft, die Reinigung verstärkt voranzutreiben. Seine Farben sind im Tanz der radioaktiven Strahlen verändert, fast phosphoreszierend, ihre Schwingung ist viel, viel höher und kann nun intensiver an unserem eigenen Lichterbogen die verschiedenen Farbbänder zum Schwingen bringen. Sind sie in Resonanz zu seinem Lied, dann sind sie geheilt, denn jede einzelne Farbe des Lichterbogens hat ihren Widerhall in unserem eigenen Organismus, in den einzelnen Energiezentren, die wir Chakras nennen. Jede einzelne Farbe hat eine spezifische Vibration, eine eigene Schwingungsanzahl, eine eigene Medizin, wie die weisen Menschen sagen, und kraft dieser Energie bewegt sie etwas. So geschieht über die Medizin des Regenbogens die Heilung unseres Energiekörpers. Denn sie erweckt die Kraft unserer Chakren, unserer „Antennen zum All", und in ihrer aufgewachten Kommunikation erfahre ich die Kraft meiner Ganzheit. Auf die Entsprechung der einzelnen Farben des Regenbogens mit den Farben der Chakren gehe ich näher ein in Kapitel 2, unter dem Thema Meditation. Hier zeige ich dann eine Farbheilung, eine Aufweckung der Chakren unter Einbeziehung der Regenbogenmedizin.

Kollektiv hilft uns der Regenbogen, die alten Muster, die niedrigen Schwingungen des Leidens, des Schmerzes, der Getrenntheit, der Krankheit, des Mangels, des Opferspielens, die Verweigerung unserer Macht ... generell alle Muster der Polarität, der dreidimensionalen Welt des Ego aufzunehmen. Er saugt sie, wenn wir sie ihm geben, wie ein Staubsauger auf und bläst sie über seine Lichtbrücke zurück ins Licht. Von den Schamanen weiß ich, daß der Regenbogen mit der Kraft der 8 in Verbindung steht. Die Kraft der 8 repräsentiert die Kosmischen Gesetze, die Zyklen des Lebens, und Karma. Es ist interessant, wie sich auch hier wieder ein Zusammenhang zeigt, der uns das aktuelle Geschehen auf der Erde verdeutlicht: Wir leben an der Nahtstelle der 8, wo wir aus dem alten Zyklus (Fischezeitalter) heraustreten und vom Mittelpunkt aus in einen neuen Zyklus (Wassermannzeitalter) eintreten. Fahren wir die Bewegung einer 8 mit den Händen nach oder laufen wir sie mit den Füßen am Boden, so erleben (!) wir, wie sich nach Verlassen des einen Kreises die Richtung ändert; der Impuls zur Richtungsänderung liegt jedoch schon in der Bewegung des Vorangegangenen. Wir erleben auch, daß wir zu einer wahren Veränderung nur durch die Kraft der Mitte, des Zentrums, gelangen. Die Mitte ist die Kraft, die das Ganze zusammenhält, die Kraft, die den Kreis zum Kreis macht. Sie ist das All, die Einheit, Gott. Legt man die 8 auf den Bauch, dann zeigt sie uns das Unendlichkeitszeichen; ins Dreidimensionale projiziert, die Spirale. Es ist die unendliche Möglichkeit des Endlichen, das Ewige Leben.

So laßt uns den Plan des Überlebens verlassen und den Plan des Kreativen beginnen. Laßt es geschehen, daß sich der Erlöser in jedem Menschen inkarniert und wir das Übel erlösen, das uns von der Kraft des Lichts gesondert hat. Laßt uns den Polsprung geistig vollziehen und die Materie wieder zum Licht sich einen.

> „... If my heart could do my thinking
> and my head begin to feel
> I would look upon the world anew
> and know what's truely real."
> *Van Morrison*

II. Die Umwendung des Gewohnten

„Wenn euch die Welt, in der ihr lebt,
nicht gefällt, dann schafft euch die,
die euch gefällt!"

Sunbear

Die Neue Welt hat sich dann manifestiert, wenn alles um uns sich freut. Nur in der Freude ist das Licht gegenwärtig. Die Freude ist die neue Schwingung. Es ist die unendliche Freude, die allbezogen ausstrahlt, die die Begrenzung der endlichen, ich-bezogenen Freude nicht mehr kennt. Es ist die göttliche Freudenquelle im Menschen selbst, die nicht erklärt werden kann, nur erlebt. Freude ist der Wegweiser in die neue Zeit. Freude ist der Maßstab für jede Handlung, für jeden Gedanken, für jedes Gefühl, für jede Wahrnehmung. „Tue nur noch das, wo dein Herz dabei ist, wo du in der Freude bist!" teilt sich mein Höheres Selbst immer wieder mit. Dann ist alles, was ich aussende, Medizin, und kommt in ungeahnter Fülle wieder zu mir zurück. Der neue Impuls der Freude läßt die persönliche Freude aufgehoben und erhöht sein in der göttlichen. Es ist ein vollkommen neuer Weg, den wir kollektiv wählen werden: der Weg des freien, schöpferischen Menschen. Die Befreiung aus dem Karma, aus dem Dunklen, aus dem Begrenzten erleben wir über die Kraft des Lichtes, an welches wir uns mit Hilfe der veränderten Lebensbedingungen, die „Hohen Strahlen", wieder anzunabeln lernen werden. Können wir diesen Schritt in uns vollziehen, so ist die Öffnung frei ins Unbegrenzte, und wir begreifen unsere kollektive Macht, die das Unmanifestierte ins Manifeste bringt; eine Idee aus der Ideenfülle pickt und sie materialisiert. Das Unmögliche existiert nicht in der göttlichen Allmacht, das Unmögliche existiert nicht in der Kraft unseres Höheren Selbst, denn das Unmögliche ist *Etwas*, es hat Seinsform, und alles, was *ist*, ist. Also: Alles ist möglich. Der Neue Traum der Erde braucht den Menschen, der sich zu diesem Möglich-Unmöglichen aufschwingt und aus dem Reich der unendlichen Ideen herunterholt, was das Leben auf unserem Planeten wieder erhöht zu dem, was es im göttlichen Plan ist: Freude, Ekstase, Allmacht der Liebe.

„Das Mögliche ist das Gesetz der Schwere —
das Unmögliche ist das Gesetz des Neuen.
Erstarrte Vögel, das Gefängnis ist offen
und ihr wagt nicht zu fliegen.“
Die Antwort der Engel

Damit wir uns endlich ausdehnen in die Macht unseres Höheren Selbst und „fliegen“, sind uns sog. Herausforderer gegeben, Aufwecker, denen wir meist noch mit Ignoranz und Scheuklappen begegnen. Die Art der Herausforderung wird immer stärker werden, entsprechend dem Grad der kollektiven Unsensibilität. Wenn sich die Erde ihren alten Traum gründlich abschüttelt, wird so viel mehr an hohen Strahlen mit uns sein, daß wir nur über die Kraft der Transformation (= Verwandlung von einer Energieform in die andere) noch „Hausrecht“ haben, auf diesem Planeten weiter zu wohnen. Wir bleiben zuviel in der Kritik stecken. Wir lieben es immer noch, andere dafür verantwortlich zu machen, was mit der Erde passiert ist. Umweltverschmutzung ist so ein guter Spiegel für die Vernebelung des Bewußtseins. Das Bewußtsein der gesamten Gattung Mensch zeigt im Außen die innere Resonanz. Deshalb können wir dieses Problem nur lösen, wenn jeder einzelne sein Bewußtsein klärt, lüftet, alles ventiliert, was begrenzt, und Licht hereinbringt, das eine neue Richtung weist. Wir haben keine Zeit mehr zu jammern, es ist Zeit zu *handeln*. Die Tat eines jeden von uns zählt. Wir brauchen keine Energie mehr damit zu verschwenden, gegen irgendwelche staatlichen Maßnahmen zu revoltieren. Wir können doch viel leichter diese Energie dazu verwenden, das Heile, das Schöne, das, wonach wir uns sehnen, aufzubauen. Bin ich in meiner ganzen Kraft, so weiß ich, daß es möglich ist. Hindernisse und Schwierigkeiten zeigen immer nur die inneren Zweifel und Begrenzungen auf. Es ist ein neues Beginnen, ein kreatives Schaffen, eine *aktive* Lebensäußerung und keine reaktive wie zum Beispiel Demonstrationen, Streiks, Revolten oder Kranksein.

Es ist jetzt wichtig für das gesamte Umwandlungsgeschehen auf unserem Planeten, daß die ersten damit beginnen, die Furche im Acker des Neuen zu öffnen, und den neuen Samen legen. Sobald einige damit begonnen haben, tut sich ihre Tat als Schwingung kund, die den einen oder anderen dann „ansteckt" und zu Ähnlichem ermuntert. Die Wissenschaft bezeichnet diesen Vorgang als „morphogenetisches Feld". Dazu ein einfaches Beispiel: In einem Raum lernt ein Mensch ein Gedicht auswendig. Sobald er das Gedicht im Gedächtnis hat, verläßt er den Raum und ein anderer Mensch kommt und lernt das gleiche Gedicht dort auswendig. Er verläßt den Raum einige Minuten früher als sein Vorgänger. Der nächste tut sich wiederum wesentlich leichter, usw. Was geschieht hier? Der erste, der im Raum war und das Gedicht lernte, hat seine Arbeit im Raum hinterlassen; seine Energie, die er zum Lernen aufwenden mußte, und, die Energie des Gelernten bleiben als Schwingungen, als Frequenzen, im Raum zurück. Der nächste, der den Raum betritt, wird (meist unbewußt) von diesen Schwingungen berührt und beeinflußt. Und da sie in unserem Beispiel alle das gleiche tun, kristallisiert sich die Aufgabe (das Gedicht lernen) immer stärker heraus, materialisiert sich sozusagen.

Wir befinden uns mitten in der Periode des Übergangs, wo sich das Leben auf unserem Planeten in eine neue

Daseinsform materialisieren will. Einige Sehende nennen diese Phase den Höhepunkt in unserem multidimensionalen Sein: All unsere vielen gelebten Leben auf der Erde oder auf anderen Planeten und Orten im Universum haben dieses aktuelle Geschehen noch nie experimentiert, sind Vor-Bereiter, um jetzt ganz da zu sein, um zu wissen, welchen Lebenszweck wir nun zu erfüllen haben. Die Zeit des Übergangs ist unsicher. Die alten Sicherheiten und Gewohnheiten zerfallen im neuen Licht, so wie die radioaktiven Strahlen die dichte Materie erlösen. Die Metamorphose zum *ganzen* Menschen ist die Urkraft, der keiner entrinnen kann. Wir können unser Raupendasein nicht verlängern, sonst zerstört es uns selbst. Eine Raupe entpuppt sich öfters in ein erneutes Raupendasein, bevor sie sich zur Erleuchtung, zum Schmetterling, entschließt. Die Raupe kennt keine Angst in ihren Wandlungsprozessen, sie kennt keinen Tod, sondern nur Wandlung, das Förderband des Lebendigen. Durch ihren Instinkt kennt sie ihr Hologramm, ihr Ganzes, und ist verbunden mit dem Göttlichen Impuls des Wandels. Ein Schmetterlingsliebhaber wurde einst in ein großes Geheimnis der Schmetterlingsmedizin eingeweiht. Er durfte sehen, daß eine zum Schmetterling erwachte Raupe nicht mehr zu „sterben" braucht. Er sah, wie sich die Schmetterlinge einfach immer mehr zum Licht der Sonne hinziehen ließen und plötzlich zu buntem Staub zerfielen, zu Lichtstaub, der sich um den Mantel der Erde legte. Ich spüre darin eine große Verwandtschaft mit unserem Leben. Wenn ich die Medizin des Wandels begreife, brauche ich nichts zu befürchten. Die Kunst ist immer wieder das Loslassen, das Nichthaftenbleiben am Alten, am Unlebendigen.

Der befreite All-Tag

Unsere alten Einstellungen zum Leben dienen nicht mehr dem Lebenden. Unsere Antennen sind „out of tune", verstimmt, sie brauchen eine neue Stimmgabel. Der neue Leitton ist die Melodie des Lichts und der Freude. Wer den persönlichen Rhythmus dem neuen eingliedert, schafft die neuen Werke der Schöpfung. Der neue Plan fordert neue Organe, neue Werkzeuge, die seine Vision erden können. Sobald in uns die Kraft unseres Höheren Selbst erwacht, stirbt unser Ego, unser Begrenztes, unsere Finsternis. Ich bin sicher, daß wir zu erstaunlichen Taten fähig sein werden. Laßt uns heute damit beginnen, denn es gibt kein Morgen!

Die generellste Umwandlung bedarf unsere Einstellung zum Wert des Tages. Morsch und dumpf ist die Unterscheidung von Sonntag und Werktag. Brüchig ist die Aufteilung von Arbeit und Freizeit. 6 Tage, an denen wir notgedrungen unsere Arbeit verrichten, die uns meistens wenig Freude schenkt, die routiniert und leblos ist, und ein Tag, den wir feiern, zu dem wir uns die ganze Woche über hinsehen und den wir dann aus Erschöpfung gar nicht mehr feiern können. Diese Trostlosigkeit belastet die Erde. Als Mutter versteht sie nicht, wie wir als ihre Kinder so wenig vom Geschenk des Lebens begreifen. Sie zeigt uns doch auch, wie sie arbeitet. Ihre Arbeit ist immer durchdrungen vom Geist der Schönheit, der Schöpfungskraft, der Liebe. Welche Pracht strahlt uns eine Blume entgegen. Die Große Mutter kennt Arbeit nur als Kreativität, als das Schaffen von etwas Neuem, das sie uns schenkt. Sie arbeitet nicht für sich selbst. Sie erfindet Neues und schenkt. Dies ist ihr Pulsschlag. Damit wir die Erde und auch uns selbst nicht weiter knüppeln mit der „alten Arbeit", müssen wir den Wert der Arbeit klären, das alte Vorurteil, die alte gewohnte

Bewertung einlösen gegen einen Wert der Freude. Jeder einzelne Tag ist ein Geschenk, das ich mir selbst geben kann aus der Präsenz meiner inneren Göttlichkeit. „All-Tag", diese Bezeichnung, die wir unbewußt benutzen, spiegelt eigentlich so wunderbar, worum es geht: Jeder Tag birgt in sich die Fülle des Alls, des All-Möglichen. Jeder Tag bewegt mich im großen Strom des universellen Lebens. Jeder Tag führt mich an die Schwelle zu etwas Unbekanntem und läßt mich mit dem Neuen tanzen. Mit jedem Tag entpuppt sich in mir eine neue Daseinsform. Aus jedem neuen Tag empfange ich neue Lichtfunken. Jeder All-Tag repräsentiert das All, Anfang und Ende der Lebensspirale. Jeder Tag ist einzigartig. Wenn sich der neue Tag im Licht der Morgensonne offenbart, betrete ich einen neuen Planeten. Das „heile Kind in mir" weiß dies und freut sich darauf, auf dieses neue Abenteuer. Bin ich wieder mit dem Spirit dieses heilen Kindes vereint, begegne ich dem Tag immer neu, offen, ohne alte Einstellung des Gestern, in der Freude des All-Möglichen. Mein inneres Kind wundert sich oft, wenn es die griesgrämigen Gesichter der Zweibeiner sieht, die am Morgen zu ihren Arbeitsplätzen eilen; es wundert sich, daß so ein Mensch überhaupt noch hier ist, wie kann er das aushalten?

Meditation — die Schule der Erneuerung

Um den All-Tag wieder zu er-leuchten, in seinem ursprünglichen Licht zu leben, bedarf es einer kollektiven Neuorientierung, einer Bewußtwerdung seines Ur-Sinnes. Die einzig sinnvolle Medizin dazu ist die Meditation, am besten die morgendliche, die einen bewußt den Tag als das Neue erleben läßt. Durch die Meditation erfahre ich, wie ich die Lichtbänder zu meinem spirituellen Körper wiederbelebe, die mein ganzes Sein mit Licht nähren. Meditation ist ein Anhalten des Gewohnten, des inneren Dialogs, es ist das Medium, das mich mit der großen Leere, der Stimme der Stille kommunizieren läßt, die mich lehrt, führt und erfrischt wieder in die Materie eintauchen läßt. Dabei bringe ich jedesmal eine kleine Erleuchtung, eine kleine Medizin mit, die mir dann hilft, den neuen Fokus des Tages zu erleben. Meditieren ist Im-Licht-Sein. Viele Menschen glauben, das Meditieren eine schwer erlernbare Disziplin sei, die nur wenige fertigbringen; aus diesem Vorurteil heraus kümmern sie sich weiter nicht mehr darum. Meditieren wird in der Neuen Welt für alle Menschen selbstverständlich sein, es wird die Grundeinstellung des Menschen zum Kosmos sein. Meditieren ist Sich-Hingeben an die Göttliche Lichtquelle, Wohnen im Herzen, Hinhören auf die Sprache des Herzens, wo unser innerer Meister zu uns spricht, unser wahres Höheres Selbst Gestalt annimmt und uns in die Unabhängigkeit von äußeren Meinungen, Bewertungen, Glaubenssätzen führt. Meditation nabelt uns an die einzig wahre Quelle des Wissens an, an die göttliche Quelle in uns selbst. So werden wir ständig mehr von äußerem personifiziertem Wissen befreit. Ich folge dann nur noch dem Impuls meiner inneren Stimme. Ich kann dort alles fragen, die Antwort ist immer da. Das Wort, das dann zu mir spricht, ist ein schöpferisches und will in die Tat umgesetzt werden. Das Wort ist nur dem Menschen gegeben, es ist sein Heiliges Merkmal, seine Aus-Zeichnung, es ist Brücke zwischen Materie und Geist. Über das Wort fleischt sich die Idee ein zu einer konkreten Gestalt. Es ist an der Zeit, daß wir die Kraft der Meditation ernstnehmen, diese Medizin einsetzen und das Empfangene wachtanzen. Meditation wird auch durch die Kraft der neuen Strahlen gefördert. Es geschieht viel leichter und schneller, mit der Energie des Lichts in Verbindung zu kommen. Inzwischen meditieren viel mehr Menschen als noch vor zwei Jahren, und ihre Anzahl wächst ständig. Sie alle sind die neuen Samen in der Knospe der neuen Blume, schöpfende Hände aus dem neuen Plan. Neue Wegspuren im morphogenetischen Feld des kosmischen Menschen, der geboren werden will.

Sprechen wir kollektiv das Geburtsrecht des „ganzen Menschen" aus: ES SEI — so wird es sein. Sprechen wir nichts aus, so wird nichts sein.

Ich will einige Möglichkeiten zur Meditation aufzeigen.

⊕ Ich beginne mit der *morgendlichen Lichtmeditation*, der *Wiedervereinigung mit meinem Höheren Selbst:*

Ich suche mir einen ruhigen Platz, drinnen oder draußen in der freien Natur. (Ich kann auch hier die Medizin des morphogenetischen Feldes benutzen und mir innerhalb der Wohnung oder in der Natur einen bestimmten Ort aussuchen, zu dem ich immer dann gehe, wenn ich meditieren will. Dann sendet dieser Ort die Schwingung der Meditation aus und läßt mich tiefer und schneller in diese Vibration eintauchen.) Ich drehe mich im Uhrzeigersinn so lange, bis mir schwindelig wird, und setze mich in meine ausgewählte Meditationshaltung. Meine rechte Hand lege ich leicht über den Solarplexus, über meinen Oberbauch. Und nun stelle ich mir vor, wie ich mit meinem Einatmen weißes Licht aus der universellen göttlichen Lichtquelle schöpfe, wie es über mein Kronenchakra, am Schädeldach, in mich eindringt, durch meinen Kopf, meinen Hals, meinen Brustkorb in den Solarplexus strömt und in meine rechte Hand überfließt, mit der ich das Licht nach außen hin abstrahle. Das Überfließen des Lichtstroms in meine Hand spüre ich als feines Prickeln oder als einen zarten Windhauch oder als Wärme. Es wird immer deutlicher, je länger ich die Lichtatmung mache, mich in diesem Lichtkreislauf befinde. Die rechte Hand kann dann auch langsam vom Solarplexus weggezogen werden, horizontal, so weit, wie ich den Lichtstrahl als Vibration eben noch wahrnehme. Ich kann meine Hand sehr weit vom Solarplexus wegbewegen. Es ist, als ob ich Lichtbänder aus dem in Licht gebadeten Solarplexus horizontal von mir wegziehe. Dadurch füllt sich meine Aura ganz mit Licht. Sie schwillt förmlich an, und ich kann ihre elektromagnetische Schwingung deutlich spüren. Bin ich eingetaucht in diesen Lichterregen, so bin ich ganz vereint mit der hohen Schwingung des Lichts. Dies ist die Voraussetzung, um mit den Höheren Oktaven des Universums zu kommunizieren. Das Lieblingsklima des Höheren Selbst. Und nun bitte ich mein Höheres Selbst, mein Allwissendes und Alliebendes Selbst, daß es sich manifestieren möge, daß es mir seine aktuelle Gestalt offenbart. Dies kann eine Blume, eine geometrische Form, ein Tier, eine Farbe, ein Wort, ein Ton ... sein. Es ist wichtig, daß man sofort das Erstempfangene akzeptiert und nicht mit dem Verstand eine neue Gestalt fordert, die einem vielleicht besser gefällt. Das Höhere Selbst ist weise und gibt einem genau die Medizin, die für den Moment, für das Jetzt, das Richtige ist, denn es kennt nur das Dasein im Jetzt. Ich spüre mit all meinen Antennen hin zu der Energie, die von meinem Höheren Selbst ausströmt. Ich empfinde seine Energie immer als eine heilende, als eine sofort wahrnehmbare höhere Schwingung. Dies ist sein Charakteristikum. Ich taste meinen Körper geistig ab und spüre, wo ich die Energie des Höheren Selbst am stärksten erlebe. Dies ist meine Öffnung am physischen Körper, wo ich mich mit der Kraft des Höheren Selbst vereinigen kann. Ich sauge dann diese Energie an der betreffenden Körperpforte ein und lasse sie ganz zu diesem Ort strömen, zum Beispiel dem Herzen. Wenn ich den Raum des Herzens mit dieser Kraft verschmelze, jede Zelle einverstanden mache mit dieser hohen Energie, dann gieße ich aus dieser neu entstandenen Kraftquelle den neuen Strom überall in meinem Körper hin; ich spüre, wie er von allein seinen Weg kennt, und bin ganz Aufmerksamkeit und Empfindung. Schließlich ist mein ganzer Körper, jede seiner Zellen, alle Organe, mit dem neuen Licht gezündet, eins geworden: jetzt sind wir, ich und mein Höheres Wesen, verschmolzen. Ich spüre eine mächtige, liebevolle Kraft in mir. Ich komme nach Hause, bin rückgebunden an meinen Ursprung, bin in der wahren Religion. Jetzt kann ich mit meinem Höheren Wesen kommunizieren, ich kann alles fragen. Ich frage es in dieser Morgenmeditation nach der Botschaft des Tages. Was ist heute dran? Was ist der Fokus des Tages? Ich nehme auch hier sofort den ersten Hinweis, die erste Antwort, die kommt. Und wenn ich sie nicht verstehe, kann ich nachfragen. Ich beschließe die Meditation, indem ich Licht zu Menschen oder Orten schicke, wo es gebraucht wird. Oder ich singe laut meinen Namen, was mein persönliches Einverstandensein, mein Ja zu mir, zu meiner Vision, bekundet. Die Silben des Namens erzeugen spezifische Schwingungen, die an den verschiedenen Energiezentren meines Körpers eine Resonanz, ein „Anzupfen" bewirken. Es ist eine Energiemassage, die immer gut für mich ist, die mein inneres Wesen berührt und mich aufweckt. Es ist eine wunderbare Erfahrung, den eigenen Namen laut zu singen und zu spüren, welche Zentren er sofort in mir öffnet. Jedesmal, wenn uns die Mitmenschen beim Namen nennen, geschieht das gleiche. Für das große Heilgeschehen kann ich meinen Namen singen, ihn mit Licht ausstrahlen ins ganze Universum. Dies wird von allen Wesen als Botschaft verstanden, die sagt: Seht, hier ist wieder einer erwacht, hier ist einer, der mit uns ist.

Ein meditativer Leitsatz, der uns durch die Phase des Wechsels begleitet, kann folgender sein:

„Ich gebe mich meiner Vollkommenheit hin."

Je mehr ich mit der Weisheit dieses Satzes in der Meditation vertraut werde, desto mehr entdecke ich meine wahre Macht. Ich *erlebe* diese Kraft, ich brauche nicht an sie zu glauben. Sie wird zu einer Wirklichkeit in mir, die mein gesamtes Tun verändert.

Mit Hilfe der Meditation kann ich mich mit allen Daseinsformen des Lebens vereinen, sei es ein Baum, eine Blume, eine Wolke, der Wind, die verschiedenen Planeten, meine geistigen Helfer, die Berge und Täler, die Flüsse und Seen, die ganze Erde. Wie geschieht das? Ich nehme das, womit ich mich verbinden will, zum Beispiel eine Blume, als Fokus meiner Meditation. Das heißt ich stelle sie mir geistig über die Kraft der Visualisation vor, oder ich empfinde die Schwingung, die das Wort oder der Gedanke „Blume" auslöst. Und dann spüre ich wieder an meinem Körper, wo ich die Blume am deutlichsten wahrnehmen kann; über diese Öffnung sauge ich ihre Energie ein und lasse sie in meinem ganzen Körper verströmen. Es ist gut, dabei immer in der Empfindung zu bleiben, nicht im Verstand, der dieses Erlebnis, solange er noch nicht geheilt ist, nicht zulassen will. Ist mein ganzes Wesen mit der Blume verschmolzen, kann ich erleben, wie eine Blume fühlt und was ihre spezielle Medizin im Universum ist. Das Verschmelzen mit der Blume ist ein Liebesakt. Es kann nur geschehen, wenn ich mein Ich verlasse und mich ganz dem anderen Wesen hingebe. Über die Kraft der Liebe kann ich alle Geheimnisse der Schöpfung erkennen. Über die Kraft der Liebe kann ich ganz in das Bewußtsein der Erde eindringen und direkt (unabhängig von irgendwelchen Medien oder Prophezeiungen) von ihr selbst erfahren, wo sie sich in ihrer Entwicklung gerade befindet.

Diese Art von Liebes-Meditation kann ich mit allem machen. Zum Beispiel auch mit einer Krankheit. Normalerweise wollen wir eine Krankheit, ein Unwohlsein, lieber verdrängen, sind ihm feindlich gesonnen. Erlöse ich diese unbewußte Einstellung mit Hilfe der oben beschriebenen Meditation, dann begegne ich dem Krankheitsgeschehen in der Kraft der Liebe, ich nehme diese Energie ohne Bewertung an und umarme sie, einige mich mit ihr. Wenn ich in ihr bin, wird mir ihre Botschaft bewußt. Ich kann sie dann in mein Leben integrieren, und sobald das Gleichgewicht wiederhergestellt ist, ist die Krankheit entmaterialisiert.

Die Liebes-Meditation reiht uns Menschen wieder in den großen Zusammenhang der Schöpfung ein. Wir erkennen, daß wir mit allem verbunden sind und daß ein jedes Wesen eine Medizin besitzt, die heilt — im Sinne von ergänzen, ganzmachen. Bei der Meditation mit der Blume zum Beispiel kann ich mich mit dem Reich der Pflanzen so verbinden, daß ich immer aus ihrer Medizin schöpfen darf. Ich kann die betreffende Blume bitten, daß sie mir die Pflanze zeigt, die ich gerade für mich oder jemand anderen brauche. Ich kann sie auch fragen, wie ich sie zubereiten muß und anderes mehr. Ich kann nach meiner Kraftpflanze fragen und die Blume bitten, daß sie mich zu ihr führt.

Im Erleben dieser Meditationsform kann ich immer mehr erkennen, wie alles Leben auf unserem Planeten aus dem gleichen Stoff aufgebaut ist. Das Stoffliche der Pflanze ist in mir in meinen Verdauungsorganen wirksam, das Stoffliche der Mineralien in meinen Knochen, Haaren, Nägeln, Säften, das Stoffliche der Luft in meinem Atem usw...

Die Medizin der Meditation ist für mich immer Medizin der Freiheit, der Unabhängigkeit. Sie weist mir ganz klar den Weg zur Quelle des Wissens. Über die Meditation erfahre ich den neuen Plan und bin „up to date".

Abschließend will ich noch eine Meditationsform mitteilen, die mir die Regenbogenmedizin geschenkt hat:

⊕ *Regenbogen-Meditation:*

Ich gehe wieder zu dem Ort meiner Meditation. Ich setze mich in meine Meditationsstellung. Ich schließe die Augen. Ich rufe die Kraft des Regenbogens, und ich visualisiere mir seine bunte Brücke, bis ich alle seine Farben sehen kann. Dann greife ich mit meinen Händen nach ihm und hole mir das Rot aus ihm heraus, forme es zu einer roten Kugel und führe diese zu meinem ersten Energiezentrum, da, wo die untersten Wirbel die Erde berühren. Ich sauge über diese Körperstelle das Rot ein und lasse es dort und in den ganzen Beckenraum hinfließen. Ich mache das so lange, bis dieser Bereich ganz lebendig geworden ist, bis er mir bewußt wird. Oft kann man dabei sehen, daß es Stellen gibt, die Heilung brauchen. Dort gebe ich dann die Energie des Rot in besonderem Maße hin. Als nächstes hole ich mir Orange aus dem Farbenspektrum des Regenbogens und führe es, zur Kugel geformt, zu meinem zweiten Energiezentrum, da, wo der Nabel ist. Ich lasse die Energie der orangenen Farbe nach innen fließen, bis sich auch die Nieren am Rücken an diese Schwingung anschließen. Ich kann mein geistiges Auge ganz diesem Raum zuwenden und sehen, was fehlt, was gebraucht wird, damit die Energie dieses Chakras im Fluß bleibt. Danach greifen meine Hände wieder zur Regenbogenbrücke und holen sich ein Gelb. Die Energie des Gelb weckt mein drittes Energiezentrum auf, den Solarplexus.

Es heilt meine Verdauungsorgane. Anschließend greife ich nach einem Grün und sauge seine Energie in mein Herz ein, mein viertes Energiezentrum, an der unteren Stelle des Brustbeins. Die Schwingung des Grün öffnet das Herz. Als nächstes hole ich mir die Farbe Blau und halte es über meinen Kehlkopf, mein fünftes Zentrum der Kraft, und bade diesen Raum zu einem tiefen leuchtenden Blau aus. Das tut im Moment ganz besonders gut für unsere Schilddrüse, die vermehrt Jod speichert. Dann führen meine Hände ein Purpur aus dem Regenbogen zu meiner Stirnmitte, meinem sechsten Energiezentrum, dem Dritten Auge. Ich kann den Purpurfluß von der Stirn nach innen zur Mitte der Schädelbasis gleiten lassen. Danach hole ich mir das Weiß, welches ebenfalls zur Medizin des Regenbogens gehört, und halte es über die vordere Mitte meines Kopfes, an die Fontanelle, mein siebtes Energiezentrum. Von dort kann ich dann, wie in der Lichtmeditation beschrieben, den weißen Lichtstrom durch alle Zentren fließen lassen und spüren, wie verändert sich die Energie meines Körpers anfühlt, wenn alle Zentren der Kraft aufgeweckt sind. Diese sind alle spezifische Verbindungskanäle zu kosmischen Kräften. Es ist Zeichen unserer Zeit, daß wir lernen werden, diese feinstofflichen Körper wieder zu benützen. Wir werden sie bald alle wieder sehen können. Jedes Zentrum, das wir dann als blockiert erkennen, zeigt uns sofort den Mangel an, das, was wir brauchen, das, woran wir arbeiten müssen, um ganz zu sein. Jedes dieser Zentren oder Chakren kommuniziert mit einer geistigen Kraft, ist wie eine Antenne, die aber nur dann empfängt und aussendet, wenn es erleuchtet, also zu Licht transzendiert ist. Dies geschieht sofort, wenn wir ihm die Schwingung seiner zugehörigen Farbe geben. Ich kann im Rahmen dieses Buches auf die Chakren nicht weiter eingehen. Darüber kann sich jeder aber selbst informieren, entweder durch Freunde, Bücher, Seminare oder anderes.

Das gleiche gilt auch für die Meditation. Es gibt da eine große Vielfalt, doch das Wesentliche ist dargestellt, jetzt bedarf es der Manifestation durch das Tun.

Der offene Tempel

Anschließend zum Thema Meditation will ich noch etwas zum „Heiligen Raum" anfügen, zu dem Platz, an dem wir meditieren.

Das Christentum hat uns als Erbe die Kirchen gegeben. Die meisten von uns gehen nicht in die Kirche, weil sie die Eigenheit der Gestaltung und den rituellen Ablauf zu begrenzt, nicht offen genug erleben. Wir müssen aber auch da wieder ganzheitlicher zu denken beginnen. Die Kirchen sind auf „Plätzen der Kraft" gebaut. Sie benützen also zum spirituellen Wachsen die Kraft der Erde, die an solchen Stellen besondere Antennen zum Universum besitzt; und zum anderen benutzt man auch hier die Medizin des morphogenetischen Feldes. Ist man an einem Platz der Kraft, so erfährt man sofort Heilung. Die Kraftplätze sind die Energiezentren der Erde, ähnlich unseren Chakren. Sie verbinden uns mit den galaktischen Kräften des Universums und sind wichtige Kanäle für unser Bewußtsein. Wir können uns diese Plätze vorstellen wie einen Wirbel oder Strudel, über den die Erde Energie aus dem Universum in sich hereinzieht und über den sie ihre Energie ins Universum abgibt. Die Geomantie beschäftigt sich mit diesem Wissen auf wissenschaftliche Weise, was unsere Vorfahren intuitiv sehen konnten.

Das morphogenetische Feld, das sich innerhalb der Kirchenwände bildet, besteht aus den immer gleichen Vibrationen der Anbetung und Gottesverherrlichung. Da in der Kirche nichts anders getan wird, öffnet sich jeder viel leichter, weil ihn sofort beim Betreten des Raumes diese Schwingung berührt. Was können wir daraus für unsere Meditation lernen?

Wir können uns einen „Heiligen Raum" schaffen, für uns und für andere. Dieser Raum ist nur der Meditation geweiht, sei es in einer Wohnung oder auch draußen in der Natur. Aus meiner Erfahrung weiß ich, daß sich im Laufe der Zeit so ein Ort verstärkt als Antenne zu den Höheren Oktaven des Bewußtseins ausbildet. So ein Raum oder Platz sollte neutral (wenn er ein öffentlicher ist!) sein, d.h. ohne Heiligenbilder oder -figuren, einfach leer, damit sich jeder mit seinem persönlichen Interieur bezüglich des Göttlichen einfügen kann. Geschmückt kann er immer mit Blumen werden, die auch helfen, die Energie auszubalancieren. Ich hatte schon vor Jahren die Vision, daß es bald nur noch Licht-Tempel geben wird, die überall da, wo sich Menschen zur Lichtarbeit zusammenfinden, aus der Erde sprießen werden. In diesen Licht-Tempeln treffen sich alle Religionen der Welt, denn im Licht können sie sich einen und erkennen, daß jeder Mensch, ob weiß, rot, gelb oder schwarz, „Mensch" ist. Und jetzt ist die Zeit, daß alle Menschen die Erleuchtung erfahren: Mensch ist der materialisierte Gott. Wenn wir uns als Göttliche Wesen zur Lichtarbeit versammeln, wird das Licht durch uns geboren. Wir sollen nicht mehr an das Licht glauben, sondern *zu Licht werden*. In der Lichtarbeit ist uns ein mächtiges Werkzeug gegeben, mit dessen Hilfe wir verwandeln können. Hier ein konkretes Beispiel wie wir

⊕ *Lichtarbeit* ausführen können:

Jeder von uns, der einen Raum hat, der ca. 20 Menschen aufnehmen kann, oder einen ruhigen Platz in der Natur kennt, kann zur regelmäßigen Lichtarbeit einladen. Die Freunde und Bekannten wissen dann, jeden Sonntag, zum Beispiel um 8 Uhr abends, trifft man sich dort zur Lichtarbeit. Wir setzen uns in den Kreis, auf Meditationskissen oder Stühlen, und beginnen dann, uns mit Licht zu transzendieren. Wir stellen uns vor, daß aus der Göttlichen Lichtquelle im Universum eine Säule aus weißem, gleißenden Licht in der Mitte unseres Kreises erscheint. Aus dieser Lichtsäule wachsen zu jedem, der im Kreis ist, Äste aus Licht. Wir spüren, wo uns der Lichtast am stärksten trifft, und über diese Öffnung saugen wir die Kraft des Lichtes in uns ein und lassen sie durch den ganzen Körper strömen. Wir atmen das Licht aus der Lichtquelle in uns ein und über unser Herzzentrum wieder aus, zurück zur Quelle. Dann schließen wir den Kreis dichter, indem wir uns an den Händen fassen; dabei ist die rechte Hand die Gebende und die linke die Empfangende, das heißt die rechte Hand ist mit der Innenfläche nach unten gewandt, sie gießt die Energie in die geöffnete Handschale des rechts sitzenden Nachbarn, und die linke ist mit der Innenfläche nach oben gewandt. Wir manifestieren jetzt das Licht als kreisende Lichtspirale durch unseren Kreis. Wir fühlen seine hohe Schwingung. Diese Kraft lassen wir als nächstes durch den ganzen Raum fließen, dann durch das ganze Haus, zu den Nachbarhäusern, durch die ganze Ortschaft oder Stadt. Wir visualisieren, wie die ganze Stadt in dieses Licht eingetaucht wird. Und wir gehen weiter und schicken das Licht überall hin in unser Land und dann in alle Länder der Erde, zu allen Gewässern der Erde, den Flüssen und zu den Weltmeeren, zu allen Völkern der Erde, zu allen Tieren, zu allen Pflanzen, zu den Bergen, zu den Wolken. Wir sehen mit unserem geistigen Auge, wie alles Leben auf unserem Planeten in dieses Licht eingetaucht wird und Erleichterung = Erleuchtung erfährt. Schließlich stellen wir uns vor, daß wir als Lichtkreis eine Lichterkette um die Erde bilden. Und jedes Glied dieser Kette gießt seinen Lichtstrahl auf die Erde herab. Oft schenkt einem dann die Erde in diesem Moment ein offenes Bild ihres Traumes. Abschließend lassen wir unsere Hände wieder los und stellen uns vor, daß wir die Erde zusammen tragen. Wir heben sie gemeinsam ganz behutsam nach oben ins Licht und sprechen: „Wir geben die Erde wieder dem göttlichen Plan der Schöpfung. So sei es!"

Je mehr Menschen ihr Licht dieser Heilungsarbeit schenken, um so stärker wird so ein Kreis. Wichtig ist, daß wir die Kraft der *Visualisation* erkennen und sie nicht als Kraft der Einbildung abtun. Visualisieren ist unsere Kraft des imaginativen Denkens, welches unser rationales, lineares Denken ergänzt, also heilt. Wenn wir mit unserem dritten Auge ganzheitlich sehen, so erblicken wir, wie alle Lebewesen mit leuchtenden Fäden verbunden sind. Diese Leuchtbänder sind die Emanationen unserer Lichtkörper, die sich sofort verstärken, wenn wir bewußt einen Gedanken denken oder Licht visualisieren. Über diese feinstofflichen Gitternetze transportiert sich dann das Licht. Die Kraft der Visualisation ist das Geburtsrecht des heilen Kindes in uns. Das heile Kind in uns wird in der großen Metamorphose zum Ganzen Menschen zentrale Kraft sein. Es erwacht, wenn wir uns wieder an die Quelle des Lichts annabeln.

Bei der Transmission des Lichts wird von einem der Lichtarbeiter im Kreis immer laut ausgesprochen, wo wir das Licht hinsenden. Denn das Wort ist die Medizin der Menschen, das, was sie im gesamten Schöpfungsplan auszeichnet und womit sie zu großer Macht fähig sind. Wir haben den ursprünglichen Sinn dieser Medizin vergessen, aber können lernen, wieder durch unser Erinnern zu wissen: zur Zeit von Atlantis konnten wir alle das Wort, ja, schon den Gedanken in Materie verwandeln. Wir erlauben uns nur nicht, diese Macht zu gebrauchen, weil in unserem Emotionalkörper zu tief noch die Energie des Machtmißbrauchs gespeichert ist. In Kapitel 3 zum Thema Heilung werde ich auf diesen Zusammenhang genauer eingehen.

Wem der folgende Text gefällt, den ein Lichtwesen, welches das Prinzip der Liebe und Einheit vertritt, auf unseren Planeten gesandt hat, kann ihn abschließend im Lichtkreistreffen vorlesen:

„Du bist ein Lichtarbeiter. Deine Mission auf der Erde ist, Licht zu verbreiten. Deine Mission auf Erden ist es, Freude zu bringen und Feiern. Du bist hier, um ein Teil der Vollendung des Prinzips der Dualität zu sein. Du bist hier, um das Licht in die Herzen anderer zu bringen. Wir auf dem Planeten Venus und Millionen anderer von uns vereinen unser Bewußtsein mit dem euren, um das Übel auf der Erde zu Ende zu bringen. Es ist Zeit für uns alle, schnell vorwärts zu gehen. Der Wechsel naht. Mit deiner Hilfe kann die Zerstörung des Planeten abgewandt werden. Mit deiner Hilfe kann die Reinigung eine des Bewußtseins sein und nicht eine der physischen Zerstörung."

Sanat Kumara in *Zeit zur Freude*

Im Tempel des Lichts, in unserem Herzen, glaube ich nicht an Gott, sondern dort lebe ich Gott, bin Gott. Dort verstehe ich: Gott lieben = alles lieben. Im Neuen Tempel ist das Gebet das „Gébet!", der Imperativ zur Tat, zum aktiven Mitgestalten am Manifest der Freude. Die Transformation des Lebens als Schicksal zum Leben als Feier. Ich bitte nicht mehr Gott als außer mir stehende Kraft (und „beleidige" in dieser Haltung weiter seine Präsenz im Geschenk seiner Menschwerdung), sondern bin mir Gottes in der Tiefe meines Herzens bewußt, da, wo ich heil = heilig = ganz = Gott bin und weiß, daß dies der Ort der Allmacht ist, woraus meine Taten göttliche werden und ich auf diese Weise heilen kann.

Die oben angeführte Lichtmeditation ist nur ein Beispiel für die Lichtarbeit. In meinem Lichttempel gestalten sich die Abende immer ganz unterschiedlich. Ich habe die Teilnehmer zum Mit-Teilen inspiriert, so daß jeder einmal seine Art der Lichtarbeit den anderen schenkt. Oft kommen Musiker, und wir stimmen uns mit dem All über Töne ein; oder ein Freund, der sich bei den Sufis zu Hause fühlt, zeigt uns ihre Lichtmeditationen. Ein andermal kommt ein Buddhist und zelebriert mit uns auf seine Weise. Oder jemand ist da und channelt, schenkt uns eine Engelmeditation oder singt Töne, die unsere Chakren aufwecken, oder macht Kristall-Meditation. Es ist jedesmal für alle bereichernd und heilend. Auch Kinder fühlen sich in so einem Lichtkreis wohl und geben eine ganz besonders feine Energie dazu. Immer wieder kommen neue Leute, der Kreis ist in ständigem Wandel. Zur allgemeinen Bereicherung will ich den Text der *Großen Invokation* anfügen. Er ist sehr mächtig. Wird er zu Beginn der Lichtmeditation gesprochen, können wir uns damit sofort eine Öffnung zu den hohen Schwingungen des Lichts schaffen.

Hier der Wortlaut:

Die Große Invokation
Aus dem Quell des Lichts im Denken Gottes
ströme Licht herab ins Menschen-Denken.
Es werde Licht auf Erden.

Aus dem Quell der Liebe im Herzen Gottes
ströme Liebe aus in alle Menschenherzen.
Möge Christus wiederkommen auf Erden.

Aus dem Zentrum, das den Willen Gottes kennt,
lenke planbeseelte Kraft die kleinen Menschenwillen
zu dem Ziel, dem die Meister wissend dienen.

Durch das Zentrum, das wir Menschheit nennen,
entfalte sich der Plan der Liebe und des Lichtes
und siegle zu die Tür zum Übel.

Laß Licht und Liebe und Kraft
den Plan auf Erden wieder herstellen.

Wunderschön sind die Lichtkreise draußen unter
freiem Himmel. Wir können uns ganz einfach einen
Kreis mit Steinen markieren oder mit 4 Fackeln. Oder
wir finden einen Platz, wo wir in der Kreismitte ein Feuer
halten können, als lebendiges Symbol der Lichtquelle.
Ich feiere mit meinem Kreis gerne draußen, die Natur
gibt uns immer so viele Zeichen dazu, die uns wie Kinder
freuen lassen. Sehr stark sind auch unsere Lichtkreise
auf Berggipfeln. Hier ist man dem Himmel so nahe, und
man spürt wirklich, wohin man gehört. Ich benutze auch
gerne die besonderen Kraftzeiten des Universums für
die Lichtarbeit, zum Beispiel die Frühlings- und Herbst-
Tagundnachtgleichen und die Sommer- und Winter-
wende. An diesen 4 Jahresmarkierungen tanzt die Erde
eine ganz besondere Energie wach, die auch uns betrifft.
Es sind spezifische Sonneneinstellungen, also spezifische Lichtimpulse, welche die Sonne als Transmittor
und Liebhaber der Erde dem irdischen Plan zuführt.
(Wen diese Lichtfeste mehr interessieren, der siehe
nach im Anhang unter Literaturempfehlung.)
   Die aktuelle Medizin der Lichtarbeit im gegenseitigen
Mit-Teilen unserer Talente fördert das kollektive
Bewußtsein, *global,* universell, zu werden. Die „Sek-
ten", die Ausschnitte des Kreises, fügen sich wieder
zusammen und gründen den wahren Tempel Gottes: das
Heiligtum des Herzens. Das Geschenk der göttlichen
Liebe an den Menchen wird erwachen in dem *einen*
Bewußtsein aller Menschen, die jetzt wählen, dieses Ge-
schenk anzunehmen.

Arbeit ist Freude

> „Jede deiner Taten tust du an
> meiner statt. Gib acht! Verunstalte
> mich nicht!"
>
> *Die Anwort der Engel*

Schon als Kind habe ich mich immer gewundert, wenn die Erwachsenen von ihrer Arbeit sprachen oder ich sie zur Arbeit gehen und kommen sah. Es hatte so etwas Ernstes, ich sah dabei immer ein großes Grau. Die einzigen „Arbeiter", die ich verstand und liebte, waren die Musiker, zum Beispiel meine Mutter. Ihr Arbeiten verknüpfte mich mit der Welt der Wunder und war ähnlich meiner „Arbeit", dem Spielen. Man sagt ja auch in der Musik „ein Stück *spielen*". Ich hatte damals als Kind beschlossen, nie erwachsen zu werden oder höchstens mich der Musik zu weihen. Und als ich dann nach der Schule entscheiden sollte, welcher Beruf nun der richtige für mich sei, konnte ich mich auf die Wahl des *einen* nicht beschränken. Ich spürte intuitiv, daß ich vieles lernen wollte. Am meisten interessierte mich das, was es noch nicht gab. Im Laufe meiner „Lehrjahre" erkannte ich dann auch, daß jeder Mensch das Handwerkszeug zu welcher Kunst auch immer ganz schnell erlernen kann. Wichtig schien mir, mich dann wieder von Schulen und Meistern zu lösen, damit ich meiner eigenen Schöpfungskraft Raum schaffte. Im eigenen Erschaffen fand ich erst richtig Freude und konnte die unbegrenzte Spielnatur und Phantasie meiner Kindkraft leben.

Es hilft uns sicher allen, wenn wir das schwere Gewicht des Wortes „Arbeit" erlösen und erleichtern im Ausdruck „Spiel". Wobei Spiel nicht eine Flucht oder Illusion meint, sondern die Kraft der Freude wieder mit unserem Tun verbinden will. Wenn wir uns an unser Kindsein, an unser Spielen erinnern, wissen wir, daß wir wie in Trance eins waren mit der Energie, die das Spiel erschuf. Wir fühlten uns nie als außenstehende Beobachter, die feststellten: „Ah ja, wir spielen ja nur." Wir waren das Spiel. Und wir erfanden unentwegt neue Spiele, solange wir uns nicht mit der Welt der Erwachsenen verwoben.

Ich habe an früherer Stelle schon einmal das „heile Kind in uns" erwähnt. Diese Kraft in uns ist während der Metamorphose zum Erwachsenen Stück für Stück zugemauert worden. Aber die „hohen Strahlen" helfen auch hier und brechen die Zellen auf, in denen die Erinnerung und die Energie dieses Kindes ungebrochen liegen. Der neue Strahl des neuen Lichts weckt und erlöst den alten Traum zur Verwirklichung der Freude, den neuen Traum der großen träumenden Mutter. Die neuen Kinder der Mutter Erde wissen, daß Liebe Freude ist und nicht mehr mit Schmerz und Begrenzung verfinstert zu werden braucht. Das Kind in uns erinnert uns daran, daß Gott lacht. Es ist die Brücke zur Seele. Es ist das weise Sterntalergeschöpf, das keinen Mangel kennt und weiß, wo die Quelle ist, die Fülle seines Traumes. Das innere Kind ist pur, so unverrückt wie die Wolken am Himmel, die sich vom Wind dahin bewegen lassen, wo es ihre Bestimmung ist, zu sein. Das innere Kind schenkt uns das Vertrauen der Lilien auf dem Felde und kann unser verletztes Kind wieder heilen. Das innere Kind liebt Wunder, Unbegrenztes, Ekstase; es liebt alles im All, es kennt keine Unterscheidung oder Trennung. Dieses innere Kind ist unsere Brücke zu unserem Höheren Selbst. Ich erlebe es wie einen Sonnenfunken, der mich zum Strahlen bringt und mir das Spontane, eine neue Idee, eine neue Manifestation zur Freude öffnet. In der Welt des heilen Kindes existiert nur die hohe Frequenz des Lichts, daher bleibt es von den niederen Schwingungen der Furcht, der Isolation und des Unbewußten verschont, es gibt keine Resonanz dafür in seiner Welt. Das innere Kind hat nie sein Gehirn aufgeteilt, innen und außen sind eins in seiner Wahrnehmung.

Die Befreiung dieses inneren, heilen Kindes kann uns helfen, wieder Freude zum Ausdruck zu bringen und unsere Taten zu Wunderwerken zu verzaubern, die den alten bitteren Geschmack des „Arbeiten-müssens" erlösen und wir wieder zu spielen beginnen. Das Spiel heißt „die Tat des Herzens". Die kollektive Aufgabe ist „Sich-auf-geben", sich ohne Widerstand in die Quelle der Ideenfülle begeben, den göttlichen Samen empfangen und das Wunder zu vollbringen: die Erde auf den Himmel zu eichen. Teilarbeit, Zeitarbeit, Lohnarbeit, Arbeitsamt, Arbeitslose sind morsche, faulige Geschwüre im geschändeten Leib der Erde, sind die alten Pforten zur Isolation, altes Saatgut der Trauer und des Elends. „Arbeit" geht unter im aufbrechenden Licht der Freude. Erschaffen und Schöpfen, Erfinden und Spielen ist die neue Aufgabe. Mitweben am neuen Stoff der Erde. Jeder Mensch, der sich als Gesandter des Himmels bejaht, heilt eines der alten Geschwüre und erhöht es zur strahlenden Perle im Traumgewand der neuen Erde.

Die Erlösung des alten Arbeitsmusters vollzieht sich am einfachsten über die erwachte Kraft des heilen Kindes in uns. Wichtig ist, daß diese Erkenntnis erlebt wird, nicht nur theoretisch bleibt. Ich will hier eine Möglichkeit zeigen, wie wir dies praktisch tun können.

⊕ *Die Wiedererweckung des heilen Kindes*

Ich begebe mich zum Ort meiner Meditation und schließe die Augen. Ich beginne wieder Licht einzuatmen, weißes, helles Licht, das ich aus der universellen Lichtquelle über meine Fontanelle einatme und durch Kopf, Hals, Brust in den Solarplexus fließen lasse, von wo aus ich es mit meinem Ausatem wieder

in die Lichtquelle zurückschicke. In diesem großen
Atem des Lichtes verweile ich für einige Minuten.
Dann rufe ich mein inneres, heiles Kind und bitte es,
daß es Gestalt annimmt und sichtbar wird. Meistens
zeigt sich das Kind sofort — es hat seit seinem Ver-
schüttetwerden die ganze Zeit auf diesen Moment
gewartet. Bei seinem Erscheinen spüre ich sofort den
Hauch des Wiedererkennens und ein tiefes Glücks-
empfinden darüber, daß ich den besten Freund wie-
dergefunden habe. Ich öffne mich ganz diesem Empfinden und ertaste die Stelle meines Körpers, die sich
der Energie des inneren Kindes öffnet. Über diese
Pforte lasse ich seine Kraft wieder in mein Sein ein,
erwecke das Totgeschlafene und verschmelze bewußt mit dieser Instanz der Freude. Ich gieße diesen
Nektar ins Bewußtsein aller Zellen und versiegele das
Ganze in mir wieder zum Ganzen. Ich frage dann das
erschienene Kind, wie alt es ist. Als Antwort kommt
genau die Zeit, wo ich in meiner Kindheit die Freund-
schaft mit diesem „Zwillingsbruder" verloren habe.
Als nächstes frage ich dann den wiedergefundenen
Freund, welches Geschenk er von mir braucht und
gebe ihm geistig meine Gabe. Ich beobachte, was
geschieht, wenn mein Geschenk das innere Kind berührt, und sehe, wie es dadurch verwandelt wird.
Dann bitte ich das Kind um ein Geschenk für mich und
spüre, wo es meinen Körper am deutlichsten trifft:
über diese Stelle atme ich dann wieder sein Geschenk
ein und beobachte, was sich dadurch in mir verwandelt. Abschließend umarme ich das Kind und liebe es
mit der Kraft meines Herzens und verspreche ihm,
daß ich es nicht mehr vergessen werde und ab heute
mit ihm zusammenbleibe.

Ich will kurz noch erläutern, was es mit dem Austausch der Geschenke auf sich hat. Mein Geschenk, das
das Kind von mir fordert, ist das Geschenk, das ich in

diesem Leben dem universellen Plan zu schenken beschlossen habe. Es ist meine Bereicherung der Welt, mein Lebenssinn, mein Auftrag, meine Aufgabe — im alten Sprachgebrauch: meine Arbeit. Es zeigt mir meine Anlage, mein Horoskop, mein Talent, meinen Schatz. Und das Kind zeigt mit Klarheit, was geschieht, wenn ich mein Geschenk *hergebe.* Es zeigt, wie ich heilen kann, zum Ganzen ergänze durch meine persönliche Medizin, im Leben meiner Vision, in der Bejahung meiner Rolle. Und mehr: Das Kind offenbart mir auch, mit welchem Geschenk dann die Welt auf mein Geben antwortet.

In meiner Praxis erlebe ich diese Vernabelung mit dem inneren Kind als eine sehr starke und sofort wirksame Medizin. Hier weinen sogar Männer vor Glück! Es ist schön, wenn einen bei dieser Meditation ein Freund begleitet und führt. Wir können uns dabei besser fallen lassen und brauchen nicht drandenken, welches nun der nächste Schritt ist.

Ist das innere Kind wieder ins Leben zurückgekehrt, wird sich vieles verwandeln. Es kann nichts mehr getan werden, was sich der Freude widersetzt. Man hat sich wieder an sein Talent erinnert und erlebt die Freude, aus diesem Schatz zu schöpfen. Wir werden unsere alten Grenzen sprengen und das Neue auf die Erde bringen. *Wir werden ganz neue Berufe erfinden.* Und wir werden unsere Vielseitigkeit neu entdecken und jeden Tag neu beim inneren Meister zur Schule gehen. Wir erwachen zu Wassermännern und beginnen freudig die Mitgestaltung am neuen Werk. Wir gestalten das, was uns gefällt; wobei nicht mehr das Ego dirigiert, sondern unser Höheres Selbst. Das Höhere Selbst wird in uns sofort wirksam, wenn wir wieder in Kontakt mit unserem inneren Kind sind. Die beiden gehören zusammen wie Sonne und Sonnenstrahl. Unsere Hände sind dann die Werkzeuge des Lichts, und die Schöpfung kann sich durch unsere Tat erfüllen. Der Mensch findet wieder seinen Platz im Kosmos und erkennt sich als Vermittler zweier Kräfte: der erschaffenden Welt und der erschaffenen Welt. Er ist Gesandter des Himmels und bringt das neue Licht auf die Erde. Er ist das einzige Wesen der Schöpfung, das Himmel und Erde, Geist und Materie, einen kann.

Die Erde will die Reinigung des Menschen, insbesondere die Reinigung seiner Taten: die Erlösung des alten Musters „Arbeit". Der Prozeß der Reinigung ist dann vollzogen, wenn alles wieder seinen Platz gefunden hat, so wie er im Plan der Schöpfung zugeordnet wurde zur universellen Balance allen Lebens. Finden wir heutigen Menschen wieder unsere Mitte über die Befreiung vom Unvollkommenen, so sind unsere Taten göttliche, und unsere Werke bekunden den Geist unserer Vollkommenheit. Und alles, das All, ist gesund. Der All-Tag ist an seinen rechten Platz gerückt. Die Feier des Lebens beginnt in allen Herzen. Das Gesetz des Ganzseins regiert.

Alles, was sich dem Gesetz des Ganzseins widersetzt, ist lebensunfähig und wird sich umformen müssen; es wird dorthin transformiert, wo es gebraucht wird. Lebensfähig im neuen Plan ist jeder Mensch, der den universellen Ruf nach Heilung vernimmt und dem All sein Ja schenkt. Das, was wir noch im verdunkelten Sinn von Arbeit gespalten haben, ist jetzt die Medizin, die uns wieder zur Kraft der Einheit führen wird: die radioaktiven Strahlen! Wir sind mitten am Schauplatz der Wende. Wir formen uns um. Wir können uns jetzt kollektiv für das Leben entscheiden. Die Utopie des Paradieses auf Erden transformieren nur wir als Menschen, die wieder zu Göttern werden, zur Verwirklichung. Wir brauchen diesen Traum nur in uns wachzuträumen.

„Das ungeborene Kind träumt im Mutterleib vom Tageslicht.

... Träumte es nicht, so könnte es nicht ans Tageslicht kommen."

Die Antwort der Engel

Das *Spiel* fordert keinen Lohn. Das alte Muster „Arbeit" jedoch steckt voller Bedingungen. Jede Bedingtheit ist Illusion. Gott, die Quelle allen Lebens, liebt die Fülle. Diese Quelle erwacht wieder im neuen Menschen. Wir erleben in der Liebe zu Gott, im Verschmelzen unseres persönlichen Bewußtseins mit dem universellen oder göttlichen, wie wir wieder aus dieser Quelle schöpfen können. Wir erleben, daß Mangel und Not nicht existieren, es ist alles da. Solange ich noch bedingt arbeite, das heißt irgendeinen Job ausführe, *weil* ich Geld brauche, *weil* ich eine Familie zu ernähren haben, *weil* ich dann einen höheren Posten bekomme... solange werde ich immer Unzufriedenheit erleben und Geldsorgen, Versagerängste, Konkurrenzverhalten zeigen. Gottes Liebe ist bedingungslos. Gott gibt ohne Erwartung. Hier ist unsere kollektive Auf-Gabe der Wegweiser, der aus der Unzufriedenheit zum Frieden erlöst. Erinnern wir uns an die Medizin des heilen Kindes: Sofort, nachdem ich ihm mein Geschenk gegeben habe, kommt das seine zu mir zurück. Hier begegnen wir einem kosmischen Gesetz. Geben und Nehmen sind zwei sich liebende Geschwister, die sich nie voneinander getrennt empfinden. Sie sind eins im großen Strom der Liebe. Ein spielendes Kind zeigt nie Angst. Es sorgt sich nicht. „Werdet wie die Kinder, und ihr gehet ein ins Reich Gottes!" Dies ist der Schlüssel, der uns alle eint: zu Kindern Gottes. Ein Kind, das heil ist, verwundet niemanden, denn es kennt keine Trennung und würde sich so nur selbst verletzen. Nur weil wir uns so weit von der Erde entfernt haben (durch unser lineares Denken wie ein Pfeil aus dem Ganzen in *eine* Richtung davongeschossen sind), konnten wir ihr so viele Wunden zufügen. Heute erst erleben wir, daß wir selbst es sind, die darunter leiden. Erst heute beginnen wir, aus diesem Autismus auszubrechen. Nur ein Kind, dem keine Liebe gegeben wird, verhält sich autistisch: es zwickt sich selbst oder stößt sich den Kopf an die

Wand, um sich zu spüren. Wenn wir es wieder zulassen, daß uns die Liebe der Erde und des Universums berührt, bricht das Gefängnis der Isolation und Verlassenheit zusammen.

Das alte Muster „Arbeit" ist voller Gewohnheit. Es spiegelt das Tote und nicht das Lebendige. Ohne Bewußtheit können wir nicht aus der Göttlichen Quelle in uns schöpfen. Ohne Bewußtheit sind wir im neuen Plan lebensunfähig. Erhebe ich mich aber ins Bewußte, ins Licht, so bin ich im Grenzenlosen, und da treffe ich meinen Gott: mein wahres Sein. Als Leitsatz hilft mir immer die Vorstellung, mich auf nichts Altes, Gewohntes zu stützen, sondern jede Handlung so zu beginnen, als hätte ich sie noch nie zuvor getan. Das kann Geschirr-spülen sein, Einkaufen, meine Morgenmeditation, der Kuß für meinen Liebsten, Kochen, Singen, Malen, Lie-ben... Wir denken, wir hätten es uns einfacher gemacht, indem wir uns einen sicheren Arbeitsplatz verschafft haben. Wir haben aber nie auf unsere innere Stimme geachtet, die uns mahnte, die uns deutlich machte, wie sehr wir in Abhängigkeit und Verstrickung geraten sind, und daß wir schon lange keine Freude mehr produzier-ten. Stattdessen ein volles Faß von Angst. Angst kommt aus dem Lateinischen „angustus" = Enge. Angst ist un-sere Begrenzung, der hohe Zaun, der uns nicht in den paradiesischen Garten schauen läßt, obwohl er unsere allernächste Nachbarschaft ist. Über die Einstellung, Ar-beit zum Spiel der Freude zu verwandeln, erlösen wir auch diese Angst in uns, und unser Vertrauen im erwach-ten inneren Kind läßt uns den Zaun der Getrenntheit niederreißen und einsehen, daß für jeden von uns ge-sorgt wird. Als Arbeitende im alten Sinne arbeiten wir aus dem Mangel heraus. Solange wir Mangel empfinden, wollen wir etwas erhalten. Wir binden uns ans Geld, an den Chef unserer Arbeit, an Maschinen... und projizieren dahinein die Quelle des Gebens. Hier müssen wir kollektiv korrigieren und das Bewußtsein manifestieren, welches Gott als einzige Quelle anerkennt und bewußt erlebt, wie sich diese Quelle Gott im Menschen selbst als Kraft des Herzens manifestiert. (An späterer Stelle zeige ich dann praktische Übungen, die uns wieder zu dieser Wahrheit erhöhen.)

Das heile Kind in uns bittet uns, wieder zu spielen. Es zeigt mir, wo ich meine Auf-Gabe finde: da, wo ich sofort Freude empfinde, das, was ich gerne tue. Erfinderisch zu sein ist Geburtsrecht des Menschen, wenn er seine Erfindungen zum Wohl des Ganzen konzipiert. Das tut er immer, wenn sie dem Impuls seiner heilen Kinderseele entspringen — Sonnenstrahlen sind und keine Smogwolken!

Wir müssen auf die Bitten dieses Kindes hören. Das öffnet verborgene Kräfte in uns, unter deren Anjochung alles leicht erscheinen wird. Das heile Kind schenkt uns die natürliche Offenheit wieder, über die wir immer die Richtung unseres Weges erfahren. Wir müssen erkennen, was Auf-Gabe meint: sich selbst als Getrenntes aufgeben, das Ego als Illusion des begrenzten Alten abgeben und uns Hin-Geben wie ein Kind dem Spiel. So bin ich immer inspiriert: das heißt, das Geistige erreicht mich und findet seinen Ausdruck in meiner Handlung. Heute gilt es, den Beruf als Be-Rufung, als den Ruf anzunehmen, den das All an mich als Zelle X im großen kosmischen Organismus richtet. Das Erwachen zur Wiederentdeckung des Wunderbaren wird schneller geschehen als wir glauben. Wie schnell transformiert Feuer! Wie schnell versinkt äußerer Reichtum zu nichts, wie schnell bläst der neue Wind unsere Wertscheine davon. Ein Leck im Strom des limitierten Verstandes stößt uns in den Herzinfarkt unserer Zivilisation. Der Fehler ist die gefesselte Freiheit. Dieser Fehler war lange verborgen. Aber jetzt ist er sichtbar geworden im Licht der hohen Strahlen. Der Fehler ist das, was fehlt, der Mangel. Erkenne ich, daß der Mangel in mir ist, finde ich auch die Medizin, die ihn heilt. Beginnen wir wieder, als heile Kinder zu spielen, so sind wir uns gegenseitig Freunde, Gefährten, die freudig an etwas Gemeinsamem teilnehmen. Es ist die Gemeinschaft der Begeisterten. Sie wissen, daß ihr Geist der gleichen Quelle entspringt, und ihr kollektives Interesse ist es, das Licht dieses Geistes auf die Erde zu bringen.

Die Verantwortung der eigenen Macht

Wenn sich die Erde den alten Traum der Getrenntheit abschüttelt und uns vermehrt die freigewordenen aktiven Strahlen überläßt, werden wir alle erkennen, was wir getan haben mit der Verweigerung der eigenen Macht. Wir haben die Macht der Führung Sterblichen übergeben und in dieser Haltung das Göttliche in uns zutiefst verkannt. Daß wir damit das Kosmische Gesetz verletzt haben, zeigt uns heute die Antwort der Natur. Wir können nicht mehr, wie gewohnt, die führenden Köpfe verantwortlich machen. Wir müssen erwachen und den Verrat unserer Macht erkennen. Wir haben uns verkauft, unser ganzes Königreich haben wir eingetauscht für ein paar lausige Sicherheiten und Versprechungen. Wir haben die Materie angebetet. Wir haben unseren Einsatz nur unter Bedingungen gegeben. Wir haben unseren Glauben unter irdische Autorität gestellt und statt Licht nur noch Finsternis erlebt. Gottes Liebe fand in dieser Enge keinen ihm gemäßen Ausdruck. Dieses Netz der gegenseitigen Unterdrückung wird jetzt sichtbar, wo die Erleuchtung auf unserem Planeten stattfindet. Im neuen Licht facht jedes Individuum wieder sein eigenes Licht zu voller Größe an; und in diesem erleuchteten Gehäuse ist alles gereinigt, was sich der

Gegenwart des Göttlichen widersetzt. Bin ich einverstanden, die göttliche Macht durch mich auszudrücken, so kann ich Aufgaben übernehmen, die ruhig „ein paar Nummern zu groß" für mich sind; denn bin ich in der Hingabe an die göttliche Inspiration und lasse seine Hand zu meiner werden, fühle ich mich geführt und der Aufgabe gewachsen. So schnell sagen wir „Nein, das kann ich nicht! Das soll der machen!" usw. und geizen mit unserem Licht, sind nicht gewillt, zu geben.

Wir haben den linearen Verstand verherrlicht als den Herrn, der alles regiert. Wir haben unsere Allmacht an diesen kleinen Teil abgegeben und sind zu Waisenkindern des Universums verkümmert. Doch jetzt ist die Zeit reif, wo sich die alten Nebel lichten und das neue Bewußtsein, Gott als Urheber aller Bewegung, auferstehen läßt im Menschen als seine alleinige Macht. Das Licht ist es, was jetzt vernetzt. Es legt uns keine Fesseln an. Es hilft uns, daß wir uns ausdehnen und so offen werden, daß in uns Raum wird für das ganze Universum. Gottes Liebe füllt sich in jedes Herz, das diesen Strom der Liebe empfangen will. Mein Ja öffnet, mein Nein schließt.

Die kleinen Tyrannen:

> „... Ein Krieger, der gegen einen kleinen Tyrannen verliert, wird durch sein eigenes Gefühl der Niederlage und Wertlosigkeit vernichtet. Und das heißt für mich soviel wie Sterben.
>
> Wer sich unter die kleinen Tyrannen einreiht, ist besiegt. Im Zorn handeln, ohne Kontrolle und Disziplin und ohne Voraussicht — das nennt man besiegt sein. Was geschieht, wenn ein Krieger besiegt ist?
>
> Entweder er sammelt noch einmal seine Kräfte, oder er gibt die Suche nach Wissen auf

und reiht sich für den Rest seines Lebens unter
die kleinen Tyrannen ein."

Don Juan zu Castaneda in *The Fire from within*

Jeder von uns hat sich in seinem Leben schon so einen
Tanz mit einem kleinen Tyrannen inszeniert. Der Tyrann wird von den einen als Mutter oder Vater erlebt,
von den anderen als Chef, als Lehrer, als die Gesellschaft
etc. Der Tanz mit dem Tyrannen spiegelt unser eigenes
Hindernis. Er kann zum Weg in die Freiheit werden,
wenn wir ihn nicht als Strafe erleben, sondern als Prü-
fung unseres Vertrauens in unsere Allmacht. Der äußere
Tyrann spiegelt meinen inneren. Er ist daher ein Geschenk der Bewußtwerdung. Ich erlebe ihn und kann ihn
dann auch wieder abgeben, erlösen. Aber wie schnell
geschieht es einem, daß man sich selbst unter die Tyrannen einreiht! Gerade jetzt, wo wir aus der alten Tyrannei
des Machtmißbrauchs und der Getrenntheit ausbrechen
wollen, setzt sich die Begrenzung des Tyrannen unserem
Aufbruch ins Neue entgegen. Was da im Äußeren geschieht, ist das Sterben des Ego im inneren. Die Erlösung
findet sofort statt, wenn ich dem Tyrannen gegenüber
nicht mehr feindlich eingestellt bin. Wenn ich ihn liebe
und ohne Bewerten umarme, befreie ich ihn aus seiner
Rolle. Und ich befreie mich aus dem Opfer. Ich kann den
Tyrannen erst lieben, wenn ich ihn erkenne. Erkennen
meint Bewußtwerden, sich vereinen. Als Leitsatz hilft
die Erkenntnis: „Alles, was dir geschieht, hast du selbst
gewählt! Es will dir etwas mitteilen." — Es sind innere
Kraftlinien, die sich ins Äußere einfleischen. Wenn uns
im Neuen Plan das Licht geschenkt wird, welches unser
Bewußtsein heilt, können wir im Innen, und daher auch
im Außen, keine Unterscheidungen mehr produzieren.
Bewußt wird die Macht der Liebe in jedem Menschen,
der sich als Mitschöpfer des Neuen bereiterklärt, diese

Macht zu leben. Die Natur ist Ausdruck des kosmischen Gesetzes des Lebens. Die Natur kennt weder Machtmißbrauch noch Machtverweigerung. Die Menschen haben lange genug versucht, sich die Macht der Natur untertan zu machen, und glaubten, damit Herr der Schöpfung zu sein. Heute sehen wir, daß wir dieses Unternehmen abgeben müssen, daß wir damit nur die Lanze ins eigene Fleisch bohrten. Die Richtung weist deutlich darauf hin, daß es Zeit ist, mit der Natur und ihrer Macht Frieden zu schließen und zu verstehen, daß es nur *eine* Macht gibt, die das Lebendige am Leben erhält: die göttliche, die Kraft des Lichts, die das All zur All-Macht erstrahlen läßt und die sich durch mich ausdrücken will.

Ergreife ich wieder meine *natürliche Macht*, das, was ich von Natur aus als Mensch bin, dann stimme ich wieder überein mit allen Wesen im Universum. Meine Handlungen stehen im Gleichgewicht, sprechen die gleiche Sprache wie die Blumen, die Tiere, die Sterne, die Winde, die Steine...: sie bejahen das Leben. Ich bin frei wie der aus dem Nest gestoßene Vogel, der die Macht seiner Flügel entdeckt. Der Stoß aus dem Nest ist unsere Herausforderung. Wir können fliegen und werden es tun müssen!

Die Künstler als Visionäre des Neuen Plans

Im neuen Traum sieht die Erde den Menschen, der sich als Schöpfender und Schöpfer begreift. Es ist der erwachte Mensch, der weiß, wo die Quelle der Inspiration fließt und wie er sich an ihrem Fluß anschließen kann. Die Kunst wird nicht mehr eingeengt auf Bereiche, denen wir gewohnterweise den Stempel „Kunst" aufdrücken, wie zum Beispiel die Malerei, die Musik, der Tanz, Bildhauerei, Literatur und einige Kunsthandwerke. Kunst wird sich im neuen Plan auf alle Gebiete ausdehnen. Kunst wird sich in allen Handlungen des gestaltenden Menschen ausdrücken. Sie erweckt im Zeitalter des Wassermanns die Meisterschaft im Menschen. Der alte Wert der Kunst wird sich wie alles andere umwandeln müssen. Kunst ist ja eigentlich das, was nicht Handschrift der Natur ist. Also alles, was der Mensch erschafft. In den letzten Jahren hat eine neue Begegnung von Kunst und Heilen stattgefunden. Aus dieser Begegnung sind die ersten Früchte hervorgegangen, die den Begriff der Kunst nicht mehr aussondern auf einige talentierte Menschen, sondern ihn völlig neu beleben: Kunst ist Ausdruck jedes Menschen. Wenn sich der Mensch wieder erhöht in seine Göttlichkeit, wird er anders erschaffen und gestalten wie bisher. Bevor seine Hand die Materie formt, erhebt sich sein Geist zur Quelle der Ideenfülle, meditativ empfängt er das Konzept, sieht er die Botschaft des Samens und erklärt sich bereit, Kanal zu sein, und läßt seine Hände führen und tanzen von seinen höheren Händen. Diese Hingabe, diese Meditation wird das neue Leben von allen Menschen fordern, denn es kann keine Tat mehr geduldet werden, die nicht eine göttliche ist. Im unendlichen Plan ist der „ganze Mensch" als Gottes Ebenbild gedacht. Jeder Mensch hat in sich das Talent, Gott zu sein. Jeder Mensch ist mit unbegrenzten Möglichkeiten ausgestattet, Gottes Herrlichkeit in seinen Taten zum Ausdruck zu bringen. Jeder hat dafür unterschiedliche Bereiche gewählt. Da mag zum Beispiel einer seinen Schatz öffnen und das Ganze als Architekt bereichern, der nur noch Heiligtümer baut, weil er weiß, daß Gott in jedem Menschen wohnt und ein Mensch sich nur zu seiner Göttlichkeit entfalten kann, wenn er sich wohl und glücklich fühlt, wozu er einen Raum braucht, der heilig, im Sinne von heilmachend, ist, wo man sich ausdehnen kann, wo man atmen kann. Wir können uns im Alten ruhig umsehen: Die Mehrzahl der Gebäude zeugt von leeren Menschenhänden, die ohne den Blick fürs Ganze, ohne Heilung, gottverwaist aufbauten. Ich kenne einige Architekten, die sich als Erbauer des Himmels auf Erden verstehen. In ihren Häusern fühlt sich jeder sofort wohl. Sie sind in Übereinstimmung mit den Kräften der vier Himmelsrichtungen gebaut, was uns ganz stark mit unseren vier Körpern verbindet. Oder sie sind der Sonne so geöffnet, daß man von Sonnenaufgang bis Sonnenuntergang im Licht ist. Sie verwenden organisches Baumaterial, das uns in der Öffnung zum Kosmos leben läßt und uns nicht von ihm isoliert, was geschieht, wenn wir in Betonhäusern leben. Oder nehmen wir uns einen anderen Menschen zum Beispiel: jemand, der sein Talent dem Erzeugen von Nahrung schenkt. Ein erleuchteter Bauer arbeitet nicht mehr bedingt. Er wird sein ganzes Tun darauf richten, daß sein Korn und seine Früchte heilige Kost sind und jedermann gut bekommen. Viele Bauern, die heilend säen und ernten, haben in ihren Produkten keine Becquerel. Sie erhöhen sich ganz einfach zu ihren Gottwesen und geben Licht in ihr Tun. Mit Licht segnen sie und verwandeln alles zu heilender Kost. Dies ist eine Tatsache und kann mit Meßgeräten nachgewiesen werden. Alle Lebensmittel, die nicht im Gleichgewicht zu allem

Leben produziert werden, sind für den Verzehr schädlich. In ihnen ist die Schwingung der Naturverletzung enthalten, und dieser „Schmerz" geht in unseren Organismus über, wenn wir solche Nahrung zu uns nehmen. Als Folge davon erscheint Krankheit — Zeichen für die Gestörtheit des natürlichen Gleichgewichts. Die Kunst des Bauerns ist es, wirklich gute Erzeugnisse zu erschaffen, die in jeder Beziehung die Kraft der Liebe spiegeln: Sie lieben die Erde und behandeln sie respektvoll, sie lieben die Tiere, die Pflanzen und schaffen ihnen lebenswürdige Bedingungen, die nicht mehr durch das Ziel des Nutzens „verrückt" sind.

Auf diese Weise können wir alle alten Berufe durchgehen und diejenigen erfinden, die es noch nicht gibt. Worauf es mir in diesem Kapitel ankommt, ist folgendes: Über die verwandelte Medizin der Kunst können wir den alten Begriff der Arbeit erhöhen. Die künstlerische Ader in *jedem* Menschen wird im globalen Heilungsgeschehen wieder zum Fließen kommen. Im erleuchteten Bewußtsein beginnen wir, aus uns selbst zu schöpfen und erfahren, daß die Quelle der Fülle, das Göttliche Konzept, in uns liegt. Ich erlebe den Ort der Quelle mitten im Herzzentrum. Und alle neuen Werke des göttlich inspirierten Künstler-Menschen strahlen die Kraft des Herzens aus und heilen. Der zum Künstler erwachte Mensch versteht seine Werke *holistisch:* sie stehen immer im Zusammenhang mit dem Ganzen und können, wie noch in der alten Kunst, nicht mehr verletzen oder vereinsamen, weil sie aufgesplittert waren. Es ist wunderbar zu sehen, wie sich der Zeitgeist seinen Weg des Neuen schafft: Das Auftreten der Holographie ging Hand in Hand mit dem Beginn des Neuen Zeitalters. Das Geschenk der Holographie ist die globale Wiedererinnerung an den Menschen, daß jedes Teil das Ganze spiegelt. Ich bin überzeugt, daß die verwandelte Art der Kunst, wie ich sie oben beschrieben habe, unsere beiden

Gehirnhälften wieder zusammenbringt, wo sich Tag-
und Nachttraum wieder vermählen. Der künstlerisch
handelnde Mensch wird nie das Gleiche schaffen. Er lebt
im Augenblick und empfängt stets das Neue. Er ist Visionär und hilft das neue Konzept, das sich jetzt in Materie
verwandeln will, auf die Erde zu bringen. Durch ihn wird
das Neue sichtbar. Dem Künstler der Alten Welt haben
wir die sogenannte Narrenfreiheit zugestanden. Er war
eigentlich der einzige, der noch die kindliche Welt der
Phantasie und des Grenzenlosen leben durfte — und alle
liebten ihn! Jeder Mensch liebt Musik, jeder liebt es,
Bilder anzuschauen, die seine Kindwelt wieder beleben,
jeder liebt Filme und Theaterstücke, die ihn aus seinem
begrenzten Realitätsempfinden herausheben. Wir haben
die Aufgabe der Vision auf ein paar Menschen abgescho-
ben, die eigentlich immer Außenseiter unserer Gesellschaft waren. Jetzt gilt es, daß alle Menschen, die das
neue Leben bejahen, sich ihrer Talente erinnern und
bedienen und als Künstler die kollektive Vision der
Neuen Zeit auf der Erde wachtanzen. Die neuen
Künstler-Menschen sind die Baumeister der Neuen
Erde. Sie helfen, das Unbekannte sichtbar zu machen.
Sie sind die Medien, die nicht nur das Wort kanalisieren,
sondern die Gesamtheit der Schöpfung, alle denkbaren,
möglichen Liebesbeweise des ewig liebenden Gottes —
der jetzt die Klärung seines Ebenbildes „Mensch" fordert, um sein Königreich der Wunder und der Freude zu
manifestieren.

Die Heilung des Geldes und Besitzes

> „Alles, was gegeben wird, ist Segen, doch
> geben können wir nur durch IHN. Werden
> wir eins mit dem Ursprung, so ist das
> Freude.
> DIE WAHRE BEWEGUNG ENTSTEHT IN
> IHM UND KEHRT ZU IHM ZURÜCK!...
> Nicht du gibst — achte nur, *wie* zu geben!...
> Die Freude ist das Zeichen.
> Das ist die Freude:
> Sie setzt sich in Bewegung, strömt aus, gibt
> sich hin und kehrt zurück wie der Atemzug.
> Im Herzen ist der Beginn, das Ende und die
> Freude.
> DIE FREUDE IST DIE LUFT DER NEUEN
> WELT.“
>
> *Die Antwort der Engel*

Die größte Bedingtheit der alten Form von Arbeit ist ihr
Verhaftetsein mit dem Geld. In dieser Verflechtung finden wir aber auch die Lösung, die befreite Arbeit, die Tat
der Freude.

„Empfange das Gold (= Geld) als Boten des Himmels.
Doch halte es nicht fest bei Dir, sondern gib ihm den Weg
frei (durch dein ‚Give-a-way‘) und lasse es dorthin fließen, wo es sofort Medizin wird!“ Diese Botschaft ist in
mir lebendiges Wissen der Ewigen Quelle. Es ist Ausdruck meiner Medizin, dieses Wissen zu öffnen (öffentlich zu machen), damit es unter den Menschen tanzt.

Betrachten wir „Geld“ ohne Bewertung, so stellen wir
fest, was es ist: *Geld ist Energie.* Energie ist die Kraft, mit
deren Hilfe wir transformieren können. Mit Hilfe von
Geld können wir verwandeln. Geld war bislang mehr ein

Instrument der Zerstörung als der Heilung. Die Erde braucht den gereinigten Begriff des Geldes, damit wir es wieder als Instrument der Heilung einsetzen können. Die Energie „Geld" bedarf einer Ausbalancierung. Das „Zuviel" und das „Zuwenig" müssen ausgeglichen und an ihren rechten Platz geleitet werden. Zuviel und Zuwenig, Überfluß und Mangel kennt nur der kranke Mensch, der nicht ganz ist; im Universum gibt es nur das Gesetz der Balance, des Gleichgewichts des Lebens: alles ist gleich-wichtig! Durch Geld haben wir im Rahmen unserer Gesellschaft die Unterscheidungen von arm und reich geschaffen. Dabei haben wir die Göttlichkeit im Menschen auf gravierende Weise verletzt. Gott ist reich, ist die absolute Fülle. Geld ist nur ein Symbol seiner Güter. Es ist Geburtsrecht jedes Menschen, reich zu sein wie Gott. Auch da haben viele von uns ihre natürliche Macht abgegeben und sich erniedrigt im Zuwenig, ins Aschenputtel vergraben anstatt zu Königen aufzublühen.

Es ist gut, wenn wir in der Zeit der Wende erkennen, was Geld für uns sein kann. Welchen Sinngehalt können wir hinter all den verschleiernden Bewertungen entdecken?

Geklärt werden muß an erster Stelle, von welchen Mechanismen das Geld überlagert ist, die uns noch heute, was das Geld-Spielen anbelangt, in den Kinderschuhen stecken lassen. Die Hauptverkrustung, welche die Energie „Geld" lebensunfähig macht, ist unsere Bewertung und unsere Illusion des Besitzens. Wir müssen die Zeichen der Zeit dechiffrieren und diese alten Panzer sprengen, bevor wir am Stau ersticken. Die Schwingungen der neuen Strahlen helfen uns auch da. Lüften wir den Panzer und betrachten wir Geld als reine From der Energie, so erkennen wir den Ursinn wieder: Geld ist wirkende Kraft. Wenn wir diese Erkenntnis in unserem Herzen erleben, erleben wir sie als Liebe. Liebe ist

Geben, Herschenken ohne Erwartung. Geld ist ein Instrument der Verwandlung, das allen Menschen gegeben ist. Mit Geld können wir Freude schaffen. Die neue Freude aber ist holistisch, nicht mehr egoistisch! Wir dürfen Geld ruhig lieben — als materialisiertes Symbol der göttlichen Liebe für alle Menschen —, wir dürfen uns an seinem Fluß erfreuen und sein Fließen im Weiterreichen fördern, erst dann sind wir wirklich reich. Die Natur der Energie ist Bewegung, Fließen, Strömen. Wird die Natur ihres Flusses nicht beachtet, so entsteht daraus ein Hindernis, eine Blockade, sie staut sich und erzeugt Krankheit, Ungleichgewicht. Der größte Stau im Energiesystem der Erde ist der große Block, den wir durch unsere unnatürliche Handhabung des Geldes erschaffen. Es mag einem wie ein Traum erscheinen, wenn wir uns anschauen, was für Traumbilder wir mittels Geld auf der Erde hinterlassen haben — nur weil wir Geld nicht als Geschenk der Liebe annehmen wollten. Auch hier unterlagen wir wieder dem alten Muster des Machtmißbrauchs. Heute steht es allen Menschen frei, dieses Geschenk der Liebe anzunehmen und es so einzusetzen, daß jeder der Erde sein Königreich wachtanzt und es ihr als persönlichen Tribut der Gastfreundschaft zur Vervollkommnung des Lebens schenkt. Wenn keine alte Bewertung mehr das Geld als das Wichtigste anbetet, um überleben zu können, und kein Besitzanspruch mehr seine Energie stagniert, transformieren wir unser Verhaftetsein und unsere Abhängigkeit von ihm auf folgende Weise: Wir erkennen Geld als Geschenk der göttlichen Liebe, es ist ein Ausdruck ihrer Macht, ein Funke der ewigen Quelle der Fülle. Ich bin im Geiste eins mit dieser göttlichen Kraft, wenn ich mein persönliches Bewußtsein erhöhe zum Göttlichen. Und ich erlebe: Ich bin der ewige Strom der Fülle. Ich selbst bin die Wahrheit der Erfüllung. Ich selbst bin unermeßlicher Reichtum. Ich selbst bin die einzige Medizin, die diese Quelle wieder zum Fließen bringen kann. Löst sich durch die neue Bewußtheit der alte Stau, den wir mit der unerkannten Kraft des Geldes erzeugt haben, so löst sich von allein die Dualität von reich und arm, Macht und Ohnmacht, und alle verrückten Einstellungen bezüglich des Geldes fallen zu sinnlosen Fassaden auseinander: zum Beispiel das Anhäufen von Geld, langfristige Versicherungsverträge, Aktien, Sparverträge und ähnliche „Umleitungsversuche", die sich der Natur des Geldes widersetzen. Aber auch das andere Spiel bricht sein Gefängnis auf: jenes, wo man die Spielregel, „kein-Geld-zu-haben", liebt. Mit beiden Einstellungen begegnet man dem Geld krank. Solange wir noch Banken füttern und durch unser Nicht-Verantwortung-übernehmen für das Geld wieder unsere Macht verkaufen, solange wir es noch lieben, uns anonym mit Hilfe eines Schecks Geld zuzustecken und mit Zinsen und Schulden Energiestaus verdichten, solange wir glauben, Geld zu besitzen, bleibt es *eingefrorene Energie* im großen Kühlschrank der schlafenden Herzen. Jeder von uns, der noch mit den angeführten Geldmechnismen spielt, hilft mit, das durch viele andere Verrücktheiten entstandene Energiechaos auf unserem Planeten weiter anwachsen zu lassen. Viele von uns haben ihr ganzes Leben dem Geld geweiht. Ihre Persönlichkeit hat sich nur in dieser Auseinandersetzung geformt, ihre gesamte Identität ist Geld. Das hat sie unfrei und ängstlich gemacht und vom eigentlichen Quell des Reichtums entfernt. So ein Mensch ist Handlanger der Befehle seines Ego und lebt im Schein der Materie, in den begrenzten Bildern seines entwurzelten Traumes. Global kommt die Energie des Geldes wieder zum Fließen, wenn ich lerne, mit dieser Energie gleichgewichtig zu tanzen, das heißt dem Geld so ruhig und gelassen begegne wie die Blume dem Regen oder der Sonne. So versöhnen wir uns wieder mit dieser Energie. Wenn wir uns einigen können, Geld wie die Atemluft miteinander zu teilen, und wissen, daß wir soviel erhalten, wie wir geben können, erlöschen wir all die alten Geldmuster wie klammernde Angst, drückende Last oder Schulden.

⊕ *Konkrete Therapievorschläge:*
1. Alle Verfahren, die dem freien Fluß der Energie des Geldes im Wege stehen, auflösen:

   Dazu gehören alle Bankkonten, alle Sparverträge, alle Versuche, Geld steuerbegünstigt, zum Beispiel durch Grundstücksspekulation, anzulegen.

   Ebenso alle Versicherungsverträge. Es ist an der Zeit, diesen Glauben aufzugeben und zu erkennen, was wir im Grunde tun, wenn wir eine Versicherung abschließen: Wir lassen uns dadurch nur wieder Kraft abziehen, denn wir äußern explizit unser Einverstandensein mit Diebstahl, Krankheit, Unfall... Warum stärken wir nicht unser Gesundes, statt immer das Kranke? Wie einfach ist es doch, das Heile in uns zu manifestieren, indem wir uns der Kraft der Vollkommenheit hingeben, uns erinnern, daß wir als perfekt ausgerüstete Lebewesen diesen Planeten betreten haben! Wir können uns dessen wieder bewußt werden und täglich in der Meditation unsere Verbindung mit diesem perfeken göttlichen Wesen „Mensch" erneuern. Dann erlebe ich wieder, daß ich ganz bin, und kümmere mich nicht weiter um die Scheinhilfen, die aus Angst geboren sind.

   Auch Zins- und Schuldscheine müssen verschwinden. Damit verdichten wir nur weiter das beliebte Spiel der Schuld, von dem sich das kollektive Ego so ungern trennen mag. Geld leihen erzeugt immer Abhängigkeit, Unfreiheit und Machtunterschiede. Wir können Geld niemals verleihen, denn es gehört niemandem. Wir können Geld nur weitergeben, weiterbefördern, und ein waches, das Ganze überblickende

Adlerauge haben, das uns sehend macht, wohin wir befördern (= fördern) können. Also, leihe niemandem mehr Geld und bitte niemanden mehr, dir Geld zu leihen. Es ist eine gute Medizin, beide Seiten zu erleben: Schenkender und Bittender zu sein. Dabei sollen sich beide als Könige fühlen und nicht einer als Bettler!

2. Als zweiten Therapievorschlag empfehle ich das *regelmäßige Fördertum**: Um wieder zu lernen, daß wir alle gleichermaßen Teilnehmende am Fluß des Geldes sind, machen wir Folgendes: Jeder gibt, unabhängig von der Höhe seines monatlichen Einkommens, regelmäßig einen von ihm bestimmten Betrag an jemanden weiter, den er damit fördert. Dies kann auch ein Projekt sein, an dem mehrere Menschen mitgestalten, die Unterstützung brauchen, um zügiger ihre Ideen zu materialisieren. (Ich setze bei solchen Projekten voraus, daß sie ihr Tun in den Dienst der Heilung stellen, den Aufbau von Schönheit, Freude, das Mitwirken am neuen Traum der Erde.) Wichtig ist, daß der Förderer völlig unpersönlich handelt, sich nicht einmischt, keinen Dank, keine Gegenleistung erwartet — er muß völlig frei handeln, aus der Kraft seines Höheren Selbst, aus seinem erleuchteten Herzen. Es stimmt immer dann, wenn im Geben sofort Freude mitschwingt. Es ist ein schöpferisches Geben und Nehmen, der universelle Rhythmus, ein sich Bewegen zum Zentrum des Lebens. Das Gleichgewicht erschaffen wir heute durch unser *Geben*. Das Nehmen war die alte Geste, die alte Gewohnheit.

---

* „Schau, daß dein Geld zirkuliert. Wenn du es für einen regnerischen Tag anhäufst, mußt du es vielleicht auf der Arche ausgeben."
(R. Price, *Abundance-Book*)

3. Der dritte Therapievorschlag zielt auf ein neues Bewußtsein bezüglich *Besitz.* Erde ist nicht käuflich. Erde kann nie zum Besitz werden. Im Bewußtsein der Erde existieren Begriffe wie Besitz, Eigentum, mein und dein nicht. Ihre Geste ist Schenken, Geben, Verteilen. Dabei spielt es keine Rolle, wem was gehört, denn im Bewußtsein der Erde ist Achtung und Anerkennung der Gleichheit, der Gleichgewichtigkeit die generelle Einstellung zum Leben. Die Erde weiß, daß ihre Schätze für alle reichen; für die Steine, für die Pflanzen, für die Tiere und für die Menchen ist perfekt gesorgt. Wir müssen unser Bewußtsein wieder mit dem der Erde einen, damit der neue Traum „Fleisch werden" kann und wach wird in jedem Herzen. Für die Heilung des Ganzen müssen wir die alte Vorstellung von Besitz klären. Dies geschieht sofort, wenn der Käufer eines Stückchens Erde weiß, daß dies nur eine symbolische Handlung ist und er die dahinter verborgene Energie zum Fließen bringt, nämlich daß er Hüter dieses Platzes oder Hauses geworden ist und damit die Aufgabe übernommen hat, für die Harmonie, für das Gleichgewicht dieses konkreten Ortes zu sorgen, er manifestiert eine spezifische Zellfunktion des Erdorganismus' und steht im aktiven Zusammenhang mit all den anderen Zell-Bewußtseins-Trägern. Harmonie kann an solch einem Ort nur sein, wenn Geben und Nehmen im Einklang sind. Die Einfriedung des Platzes braucht nicht mehr über Zäune zu geschehen, über den alten Akt der Trennung, sondern ist gewährt, wenn Friede aus der Zufriedenheit geboren wird, welche im Mitteilen der Früchte der erworbenen Aufgabe immer anwesend ist. Die „alten Besitzenden" sind dann Heilorgane der Erde: Kinder, die wissen, daß sie ihre Mutter nicht kaufen können; Kinder, die sich freuen, daß ihre Mutter sie so trefflich beschenkt. Ihre Nahrung ist das Ewig Neue Licht und

ihr Wirken ist grenzenlose Freude, zaunloses Dasein in der Weite des inneren Friedens. Verwandeln wir Besitz — das, worauf wir steif sitzen — in Bewegung, so lösen wir uns aus dem Festhalten und sind frei, erlöst. Das Bewegen des Besitzes geschieht, wenn ich eine Öffnung schaffe, einen Zugang, meine Funktion öffentlich mache und selbst als Werk der Liebe durch mein Teilen wirke. Diener eines Platzes zu sein, schafft mir die Freiheit, diesen Platz als Land zu verstehen, wo ich das Neue säen kann und der Erde helfe, ihrem Geist Ausdruck zu verschaffen.

Manifestation der Wünsche

„Das Zurückhalten der Kraft ist der Ursprung alles Kranken.
Was ist Wunsch? Er ist Zeichen der Entfernung. Was du schon besitzt, das wünschst du nicht."
Die Antwort der Engel

Um unser wahres Sein zu entfalten, müssen wir erkennen, daß wir auf den irdischen Plan gekommen sind, um erleuchtet zu werden. Erleuchtung ist: Mein Licht vereint sich mit dem Göttlichen, und alle meine Taten tue ich an Seiner statt. Gott ist allmächtig, allwissend, allliebend. Wenn ich mein Begrenztes transzendiere zur All-liebe, manifestiere ich die Kraft der All-Einheit: Ursache und Wirkung sind nicht mehr voneinander gelöste Momente. Ich erkenne beide als das Eine, denn erhöht zu meiner Göttlichkeit, erlebe ich weder Zeit noch Raum. Das erleuchtete Bewußtsein ist wie ein Stillestehen der Zeit, ein raumloser Kosmos. Das Universum schenkt uns zum Erwachen im neuen Geist alle Essenzen des Lebens, die uns helfen, die Energien zu bündeln, um den „Ganzen Menschen" zu gebären. Der Ganze Mensch ist heil. Er ist wunschlos glücklich. Er ist nicht mehr verflochten mit egoistischen Machenschaften des begrenzten Verstandes, sondern bündelt seine Energiefasern zu Licht, das er der Manifestation des Neuen auf unserem Planeten schenkt. Er hat kein persönliches Karma mehr einzulösen, und seine Handlungen, seine Worte, seine Gedanken, seine Gefühle erzeugen kein neues Karma mehr. Er hat die Polarität Gott/ Mensch überwunden. Sein Licht vernebelt nicht mehr, sondern vermehrt das Strahlen.

Die Neue Welt, die entstehen will, ist die *Welt des Friedens.* Das Thema der Wassermannzeit ist Frieden. Wir können den Frieden auf unserem Planeten nur herstellen, wenn *in uns* das Konzept des Friedens erwacht ist. Für alles, was wir uns wünschen, brauchen wir ein „mentales Äquivalent", einen geistigen Gegenwert. Alles, was sich im Außen materialisiert, konnte nur Gestalt annehmen, weil es in unserem Geist als Glaube, Gedanke, Gefühl... existierte. Die Menschen haben vergessen, daß sie in einer *geistigen Welt* leben. Sie denken, dies sei eine materielle Welt. Aus dieser begrenzten Sichtweise ihres rationalen Verstandes sind all ihre Probleme entstanden. Der neue Mitträumer der Erde wird wieder wissen, daß die Welt eine Welt des Geistes ist, und er findet in dieser Erinnerung den Schlüssel zum Leben. Alles, was uns im Außen materiell begegnet, ist nur anwesend, weil in uns ein geistiges Konzept davon wie ein innerer Entwurf vorhanden ist, ein geistiges Schema oder Muster, eine unsichtbare Schablone. Hier liegt das Geheimnis des Lebens. Krieg, Hunger, Atomversuche, Kernspaltung, Umweltverschmutzung, Feinde, Machtmißbrauch, Geldsorgen, freudlose Arbeit, Isolation... sind nur sichtbare Vorstellungen der Wirklichkeit in unserem Inneren. Wann träumen wir endlich den Traum der Liebe, der Einheit? Heute ist der kollektive

Neue Geist angebrochen, der geistige Träger des Friedens, der Freude, der Harmonie. Seine Entwürfe zeichnet er in unsere Herzen. Dies ist der neue Platz, das Zentrum der Welt, wo sich göttlicher und menschlicher Geist einen und das mentale Äquivalent des Friedens schaffen, des Himmelreichs auf Erden.

Das mentale Äquivalent ist die Energie, die das Geistige ins Physische verwandelt. Das mentale Äquivalent ist das Konzept des Geistes, gestaltet die Neue Welt, wenn die alten Muster entlassen werden, die Muster der Polarität, der Widerstand gegen die Einheit des Lebens. An späterer Stelle werde ich zeigen, wie wir über die Aufarbeitung unseres Karma diese alten Muster, denen wir unbewußt ständig zur Wiedergeburt verhelfen, auflösen können. Vorerst will ich die Wirkung des mentalen Äquivalents auf folgenden Bereich konzentrieren: die Erfüllung der Wesenswünsche.

Was sind die wesentlichen Wünsche des Menschen? Es ist all das, was sein Wesen zu dem materialisiert, was es dem Göttlichen Plan gemäß ist: Gottes Ebenbild. Damit wir bewußt einen geistigen Gegenwert zu seiner Erfüllung im Physischen schaffen können, müssen wir uns genauer anschauen, welche Energie wir dazu brauchen: Klarheit oder Entschiedenheit und Interesse sind die zwei Energien, die wir bewußt einsetzen können, um ein mentales Äquivalent aufzubauen. Sie sind die beiden Pole, die sich vermählen müssen, um ein Drittes zu erzeugen, wie die Vereinigung von Frau und Mann Voraussetzung ist, das Kind zu gebären. Wichtig ist, daß wir Interesse immer mit Liebe paaren, es ist das wahre Gefühl im Denken. Damit wir kollektiv in unserem Geist das neue Äquivalent einer Welt des Friedens, einer Welt göttlich wirkender Menschen aufbauen können, müssen wir die alten Muster, die lebensunfähigen Äquivalente, auslöschen. Wichtig ist, daß wir die richtigen Worte benutzen. Wenn ich mir zum Beispiel wünsche, wieder gesund zu werden, aber ständig denke „ich will diese Krankheit loswerden, ich habe keine Lust mehr, mich mit Krankheit als Weg des Lernens herumzuschlagen...", so benutze ich in meinem Vokabular immer noch das Wort „Krankheit" und grabe somit sein Muster nur noch tiefer in mich ein. Der geistige Gegenwert zu Krankheit ist Gesundheit. Also, mein geistiger Entwurf, der mir hilft, das Muster „Krankheit" zu löschen, ist in unserem Beispiel folgender: „Ich gebe mich meiner Vollkommenheit, meiner perfekten Gesundheit hin, ich weiß, daß ich heil bin..." Es ist wichtig, daß wir die Macht des Wortes erkennen. Durch das Wort schaffen wir, erschaffen wir das Sichtbare. Also lassen wir die Worte des Lichts, die hohen Schwingungen des Positiven, gestalten. Sie sind unsere Instrumente bei der Mitschöpfung des Neuen. Verweilen wir nicht mehr bei den Dingen, die aus dem negativen Muster des Ego erschaffen wurden, sondern stärken wir gemeinsam das Konstruktive. Während wir das heilende Wort aussprechen und den positiven Gedanken in unseren Geist einprägen, benutzen wir weder unseren Willen noch strengen wir uns an. Wir entspannen uns und lassen das fühlende Interesse und die Klarheit des Gedankens einziehen. Mit dieser Kraft geladen, wirkt der Gedanke neu. Manche brauchen einen Tag, andere eine Woche, einen Monat, um das neue Muster wirksam in die Welt der Materie zu transformieren. Meist hängt dies vom Grad der Intensität des Interesses ab. Als Hilfe können wir uns immer daran erinnern: Liebe ist der einzig wirksame Weg. Wenn ich daran interessiert bin, ein Buch zu schreiben, dann nur, weil ich das Schreiben liebe, weil ich auf diese Weise einen Kanal in mir öffne, das Lebensgesetz der Liebe für mich selbst und für alle anderen zu demonstrieren.

Die Wassermannzeit erinnert uns kollektiv an das hinter allem neu wirkende universelle Muster: die *Gottgeburt im Menschen*. Die Offenbarung des Himmelreichs

Gottes muß zuerst als geistige Essenz in mir, in meiner inneren Welt, in meiner geistigen Welt lebendige Substanz werden, dann erst kann es sich als Spiegelung in der sichtbaren Welt manifestieren. Dies ist ein kosmisches Gesetz. Das Himmelreich ist in mir. Wenn ich Gott näher kommen will, muß ich alle Muster der Getrenntheit aus meiner inneren Welt auslöschen. Das geschieht sofort, wenn ich an ihrer Stelle den bewußten Gedanken der Einheit forme. Es ist mein Lebenssinn, die göttliche Allmacht zum Ausdruck zu bringen. Gott ist Gesundheit, Fülle, Reichtum, das Königreich, Wissen, Freude, Harmonie, Alliebe. Das ganze Universum ist unserer Schöpfung des Kleingeistes, welcher alle Muster des Schmerzes, all unsere Nöte und Mängel erzeugt hat, müde und will, daß wir jetzt gemeinsam die göttliche Essenz zum Strahlen bringen.

Bevor ich begann, dieses Buch zu schreiben, meditierte ich und bat mein Höheres Selbst, mir das Wesentliche dieses Buches zu zeigen. Als Antwort erhielt ich die Botschaft: „Eile im Geist in die Neue Welt. Miß nichts mehr mit dem alten Maßstab. Laß Deinen Geist zum Unendlichen werden!" Der Große Geist wollte, daß ich das Buch nicht in meiner gewohnten Umgebung schrieb, und rief mich zur Wanderschaft. Ich wußte, daß es in Amerika entstehen sollte. Ich brauchte sieben Wochen, bis ich die Zeichen verstand und meinen Platz fand. Der richtige Platz eröffnete sich mir, als ich eine innere Vision der Neuen Welt so stark erlebte, daß ich im Außen bereits eine Rolle spielte, als ob der neue Zustand schon existierte. Obwohl ich kaum mehr Geld dafür hatte, entschied eine klare innere Stimme, daß ich in Santa Fe bleiben sollte. Ich liebte diesen Ort und die wilde Weite der Natur New Mexikos. Unmittelbar nach dieser Entscheidung empfing ich Geld von meinen Förderern und einen wunderschönen Platz zum Wohnen. Ich habe noch nie soviel kreative Energie gespürt wie hier. Diese Entscheidung damals war eine *wahre* Handlung, die wirklich Dinge verändert und mich gefördert hat. Der Impuls kam von innen heraus und nicht von außen. Ich konnte mich im Moment der Entscheidung von meinem aktuellen Problem, keine Wohnung und kein Geld zu haben, geistig zurückziehen und der Handlung Gottes in mir Raum schaffen. Ich empfand es als eine ungeheuer große Befreiung und ein tiefes Wissen darum, was magisch zu handeln heißt.

Über dem Tempel von Delphi stand „Erkenne dich selbst und du erkennst Gott!" Mit Hilfe der Meditation (da, wo ich ins Zentrum der Dinge gehe) begegne ich der göttlichen Energie in mir; und von innen her kann ich das Äußere verwandeln als göttlich Handelnder. Ich kann Streit zu Harmonie umgestalten, Ignoranz zu Wissen, Furcht zu Liebe und Vertrauen, Mangel zu Reichtum. Solange wir uns nicht als Ebenbilder Gottes sehen wollen, solange werden wir noch im Gefängnis des Mangels, des Opfers, des Schmerzes, des Unfriedens, der Krankheit und anderem mehr wohnen und mit unserem Schicksal hadern. Der neue Zeitgeist will die alten Kerker sprengen. Er schenkt uns die Wahrheit des Göttlichen Erbes, welches grenzenlos reich ist. Um in Kontakt mit dem Göttlichen Erbe zu kommen, wird unser begrenzter Verstand vom neuen Licht gezündet, so daß er Verbindung zu seinem höheren Verstehen herstellt und zum Kanal für den göttlichen Geist wird. Der begrenzte Verstand transformiert sich zum Fötus der neuen Erde und träumt bereits die Geburt seines göttlichen Verstandes. Dieser Traum wird in allen Menschen erwachen, die dem unendlichen Plan folgen wollen und das Konzept des Mangels und der Begrenzung zu Fülle und Licht transformieren. Je mehr wir uns des Göttlichen Erbes bewußt werden, um so mehr manifestiert sich die Anwesenheit Gottes in uns, und unser Bewußtsein eint sich mit dem seinen zum allmächtigen, universellen Geist der

Liebe. Dies ist ein kosmisches Gesetz, an welches sich jetzt alle Menschen wieder erinnern werden. Dazu haben wir die „Hohen Neuen Strahlen"! Unsere Seelen haben bereits kollektiv den neuen Plan beschlossen und sich geeinigt, den *Meister* zu gebären in jedem Menschen, welcher uns das Wissen schenkt: Gott und ich sind eins. Der Meister in uns erinnert uns an die göttliche Quelle der Fülle *in uns* und zeigt uns, wie wir im Fluß des Reichtums und der Freude vereint bleiben können. Der Meister in uns lenkt unsere Aufmerksamkeit dem richtigen Ort zu: dem Heiligtum unseres Herzens, der wahren Öffnung zur Alliebe. Wir bleiben nicht an den Illusionen der Welt des Scheins haften, sondern schwingen uns auf in die Welt des Geistes. Wir erkennen dann, daß Geld, meine Arbeit, meine Beziehungen, alle äußeren Angelegenheiten nur sichtbar gewordene Emanationen meines Geistes sind: sind die äußeren Gewänder meines Geistes in Harmonie, so zeugt dies für einen harmonisch funktionierenden Geist, sind sie zerschlissen und arm, so spiegelt dies meinen begrenzten, noch nicht vom Göttlichen durchdrungenen Geist. Wenn es uns gelingt, unser Bewußtsein nicht an der Welt der Wirkung haften zu lassen, sondern es zur Welt der Ursache zu erhöhen, brauchen wir alle Bedingtheiten des Lebens — wie Arbeiten, um Geld zu verdienen, Überstunden, weil mir der Chef dann zur Karriere verhilft, in einer Sardinenbüchse wohnen, weil ich Geld spare — nicht mehr länger aufrechtzuerhalten. Ich schwinge mich dann selbst auf und schöpfe aus der göttlichen, allmächtigen Quelle in mir.

Damit dieser Aufschwung ein *aktiver* wird, will ich hier eine Medizin mitteilen, die mir auf meiner Reise geschenkt wurde.

Der 40-tägige Plan zum mentalen Äquivalent der Fülle und des Reichtums:
(aus J. Price: *The Abundance Book*)

Diese 40tägige Meditation will uns den Weg öffnen, der uns die Richtung weist, unser Bewußtsein der göttlichen Quelle in uns zuzuwenden, wo Fülle, Reichtum, Glück, alles, was wir zu unserem Lebensunterhalt brauchen, entspringt. Wir lernen durch diese Rückwendung zum Ursprung, wie wir aus unseren Geldproblemen und unserem Mangel herauskommen. Der Erfinder dieser „Therapie" empfiehlt 40 Tage, weil unser Bewußtsein, solange es noch ein begrenztes ist, 40 Tage braucht, um eine Wahrheit zu realisieren. Bevor man also mit dieser Übung beginnt, sollte man sich klar entscheiden, die 40 Tage ohne Unterbrechung durchzuhalten. Hat man einmal einen Tag ausgesetzt, so sollte man wieder von vorne beginnen.

Hier das Programm:

⊕ 1. Ich wähle mir das Datum, den genauen Tag, an dem ich mit dem Plan beginne.

Ich markiere die 40 Tage in meinem Kalender und besonders den Tag, an dem das Programm erfüllt ist.

2. Am ersten Tag schreibe ich folgenden Text in ein Buch, welches ich als Tagebuch zur Niederschrift meiner Gedanken während der Meditationen benutze:

„Heute beende ich meinen Glauben an die sichtbare Form des Geldes, als sei dies mein einziges Gut und mein Lebensunterhalt, und ich betrachte die Welt der Wirkung als das, was sie wahrlich ist: nichts weiter als der Niederschlag meiner früher gefaßten Glaubenssätze. Ich glaubte an die Macht des Geldes und gab somit meine gottgegebene Macht und Autorität für den Glauben an ein Objekt auf. Ich glaubte an die Möglichkeit des Mangels und verursachte damit eine Trennung, die mich abschnitt vom Bewußtsein der eigentlichen Quelle des Reichtums. Ich glaubte an den sterblichen Menschen und die bedingte Welt der Sinne, und mit diesem Glauben gab ich Menschen und sinnlichen Bedingungen Macht über mich. Ich glaubte an die Illusion der Sterblichkeit, die aus dem kollektiven Bewußtsein irrtümlicher Gedanken erschaffen wurde, und mit diesem Tun begrenzte ich das Unbegrenzte. Nicht weiter so! Heute ist der Tag, an dem ich meine sogenannte Menschlichkeit erlöse und mein Göttliches Erbe als göttliches Wesen beanspruche. Dies ist der Tag, an dem ich Gott, und nur Gott, als meine eigentliche Substanz, mein Gut und meine Unterstützung anerkenne."

3. Es folgen nun *10 Grundsätze*. Jeden Tag lese ich einen und meditiere dann mindestens 15 Minuten lang über seine Aussage. Alles, was mir dazu als Gedanke und Gefühl einfällt notiere ich mir anschließend in mein Notizheft.

4. Schon während der 40 Tage soll lebendiges Fördertum ausgeübt werden.

In mir muß die Einstellung des Gebens erwachen und praktisch werden.

Hier nun die 10 Grundsätze:

1. Gott ist großzügig, unerschöpflicher Reichtum, ewig allgegenwärtige Substanz des Universums. Diese allversorgende Quelle unbegrenzter Fülle ist individualisiert (= ungetrennt, aus dem Lateinischen übersetzt) als „Ich" — als meine Realität.

2. Ich erhebe meinen Verstand und mein Herz zu dem Bewußtsein und der Einsicht, daß die Göttliche Präsenz ICH BIN die Quelle und die Substanz all

meiner Güter ist.

3. Ich bin mir der inneren Präsenz als Ort meines unerschöpflichen Reichtums bewußt. Ich bin mir der konstanten Aktivität dieses Bewußtseins des unbegrenzten Reichtums bewußt. Deshalb ist mein Bewußtsein erfüllt von dem Licht der Wahrheit.

4. Kraft meiner Bewußtheit meines Gott-Selbstes, des Christus in mir als meine Quelle, lasse ich in meinen Verstand und in mein fühlendes Wesen diese besondere Substanz des Geistes einziehen. Diese Substanz ist mein Gut — und daher gilt: meine Bewußtheit der Präsenz Gottes in mir *ist* mein Gut, mein Reichtum.

5. Geld ist nicht mein Gut. Keine Person, kein Ort oder sonst eine Bedingtheit ist meine Fülle. Meine Wahrnehmung, mein Verstehen und mein Wissen um die alles-versorgende Tätigkeit des Göttlichen Verstandes in mir ist mein Reichtum, meine Quelle. Mein Bewußtsein dieser Wahrheit ist unbegrenzt — deshalb ist auch mein Reichtum unbegrenzt.

6. Mein innerer Reichtum gestaltet und bringt sofort in Erfahrung, was meine Nöte und Wünsche fordern, und als wirkendes Prinzip der Fülle ist es für mich unmöglich, irgendwelche Nöte und unerfüllten Wünsche zu haben.

7. Das göttliche Bewußtsein, das ich bin, zeigt seine wahre Natur immer als Kraft der Fülle. Dies ist seine Verantwortung, nicht meine. Meine einzige Verantwortung ist, mir dieser Wahrheit *bewußt* zu sein. Deshalb habe ich völliges Vertrauen und kann loslassen und Gott als das reiche Allzufriedenstellende in meinem Leben und all meinen Angelegenheiten erscheinen lassen.

8. Mein *Bewußtsein des Geistes* in mir als meine unbegrenzte Quelle ist die göttliche Macht, welche

die mageren Jahre wieder befruchtet und alle Dinge erneuert und mich zur HOHEN STRASSE des reichen Glücks führt.

9. Wenn ich mir des GOTT-SELBSTES als meiner totalen Erfüllung bewußt bin, bin ich ganz erfüllt. Ich bin mir jetzt dieser Wahrheit bewußt. Ich habe das Geheimnis des Lebens gefunden, und ich lasse mich fallen und übergebe mich dem Wissen, daß die Aktivität der göttlichen Fülle ewig in meinem Leben am Wirken ist. Ich brauche mir nur dieses Flusses bewußt zu sein, dieser Aussendung und schöpferischen Energie, welche unentwegt und ohne Anstrengung aus meinem Göttlichen Bewußtsein entspringen. Ich bin mir dessen jetzt bewußt. Ich bin jetzt angeschlossen und eins mit diesem Strom.

10. Ich erhebe meinen Verstand und meine Gedanken aus „dieser Welt" und konzentriere mich ganz auf Gott in meinem Inneren als den einzigen Urheber meines Reichtums. Ich erkenne seine INNERE PRÄSENZ als die einzige Tätigkeit meiner finanziellen Angelegenheiten an, als die Substanz aller sichtbaren Dinge. Ich glaube an das Prinzip der Fülle, das in meinem Innern ewig tätig ist.

Während der 40tägigen Meditation geht man also vier mal durch diese zehn Grundsätze hindurch. Wer diese Übung machen will, sollte nicht mit anderen darüber sprechen, solange er im Prozeß der 40 Tage ist. Erst danach kann er sich mitteilen. Wichtig ist, daß man diese Übung nicht macht, um zu schauen, ob sie funktioniert, oder weil man viel Geld haben möchte etc. Es geht um ein tieferes Verständnis von Geld, womit wir das alte Muster Geld heilen können. Wichtig ist auch, daß wir während der 40-Tage-Meditation Freude und Dank im

Herzen spüren, unabhängig davon, ob sich das innere Prinzip der Fülle schon manifestiert hat oder nicht. Wir können Heilung nur erfahren, wenn wir uns mit der Energie der Liebe einen und nicht mit der Energie der Wünsche. Freude und Liebe halten uns in einer hohen Schwingung, und die ist Voraussetzung, um mit der göttlichen in Kontakt zu kommen. Freude und Liebe öffnen mir die Verbundenheit mit dem All und mit allen Menschen. Ich kann mir immer eine Lichtbrücke vorstellen, über die die Essenz der göttlichen Fülle alle Menschen erreicht. Damit verstärke ich, daß sich nicht nur für mich das innere Prinzip des Reichtums erfüllt, sondern daß es wirksam wird in allen Herzen. Es geht um nichts anderes, als wieder mit dem universellen Gesetz des Reichtums Verbindung aufzunehmen und den „globalen Verstand" von Glaubenssätzen der Begrenzung und des Mangels zu befreien. Daß auf unserem Planeten Hunger existiert, ist nur ein sichtbares Zeichen des inneren Hungers, des Sehnens nach unserem göttlichen Wesen. Und es ist außerdem ein Zeichen des Ungleichgewichts der irdischen Fülle, erschaffen vom Muster der Gewalt und der Hierarchie.

„Das Gute kann sich in der Welt nur manifestieren, wenn es seinen Impuls im Individuum findet... du hilfst der Welt, wenn du dir selbst hilfst. Erinnere dich, wir sind alle eins, wir sind alle Wellen desselben Ozeans, und das Bewußtsein eines Menschen, welches Reichtum und Gesundheit aussendet und im Äußeren manifestiert, überträgt mehr Licht in das Rassenbewußtsein zum Wohl aller. So beginne mit dir selbst." (Jason Andrews, *The Superbeings*)

Im alten Muster des Geldes sind wir noch ganz stark mit Überlebensangst verknüpft. Gott hat uns durch Jesus sagen lassen, daß wir das Königreich suchen sollen. Er sagte nicht, daß wir nur einen kleinen Teil davon finden sollten, sondern das ganze Königreich. Und er sagte, daß wir dies an erster Stelle tun sollten, alles andere wird dann von der Kraft des manifestierten Königreichs angezogen. Wenn das Königreich Gottes in uns als ewige Fülle lebendig wird, sind wir befreit von Angst und Mangel und können frei für unser und aller Wohl Verantwortung übernehmen. Um die Welt zu ändern, müssen wir zuerst unser Bewußtsein ändern. Dies geschieht in der aktuellen Phase der Reinigung, in der wir gerade alle sind. Das Bewußtsein ist die Brücke des Großen Geistes zu uns. Im Augenblick, wo ich mir etwas bewußt bin, bin ich sofort im Kontakt mit Ihm. Je höher der Grad meiner Bewußtheit, je inniger die Göttliche Präsenz. Es ist jetzt die Zeit, wo wir erkennen, daß unser Bewußtsein der Urheber der äußeren Welt ist. Es ist jetzt die Zeit, daß wir unsere Allmacht der göttlichen Liebe zum Ausdruck bringen. Mein Bewußtsein des Inneren Gottes ist alles, was ich für alle Ewigkeit brauche.

Die Heilung der Sprache

> „Das Wort erschafft — es konzentriert ...
> Achte auf das Wort! Das Wort baut auf...
> Sprecht ihr aus: ‚Es sei!‘, so wird es sein.
> Sprecht ihr nichts aus, so wird nichts sein...
> Neue Worte mögen geboren werden!
> Einfache, wurzelhafte Worte!
> Ja, Ja — nein, nein.
> Kein ‚vielleicht‘,
> kein lauwarmes mehr!
> Worte sind Flügel, die erheben und erschaffen...
> Das Wort ist Träger des Lichts.“
>
> *Die Antwort der Engel*

In der Schöpfungsgeschichte heißt es „... am Anfang ist

das Wort, und das Wort ist bei Gott und Gott ist das Wort...", und es wird offenbart, wie Gott über das Wort „ES SEI!" die Welt erschafft. Seinem göttlichen Ebenbild, dem Menschen, ist als einzigem Wesen der Schöpfung die gleiche Macht übergeben. Uns ist also ein Instrument gegeben, mit dem wir die sichtbare Welt schöpferisch gestalten können. Betrachten wir unsere äußere Welt, so spiegelt sie genau unseren Wort-Schatz. Es ist seltsam, daß unser Schatz so wenig Licht erschuf, so wenig den göttlichen Schöpfungsakt bekundet. Warum? Auch hier begegnen wir wieder dem Grad der Bewußtheit. Wie erleuchtet ist in uns dieses schöpferische Machtinstrument? Wie bewußt oder unbewußt gebrauchen wir seine Medizin? Wie oft erschaffen wir Lügen statt Wahrheit? Wo greift unser Ego oder unser Höheres Selbst nach diesem Instrument?

Mit Hilfe der Sprache gestaltet der Mensch die Gemeinschaft der Menschen: er kann sich mit-teilen: er kann seine Vision mit den anderen teilen und hebt somit seine Isolation auf. Das Teilen, das Mit-Teilen des eigenen Schatzes verbindet die Menschen. Man lebt nicht monadisch für sich, sondern auch für das Wohl der anderen. In der Sprache spiegelt der Mensch seine wesentliche Kunst: er verbindet Teile (Buchstaben, Silben) zu Worten und Sätzen. „Verbinden" ist ein Akt der Heilung. Wir integrieren die Teile zum Ganzen, wir ergänzen, machen heil. Über das Wort drücken wir uns aus, machen wir uns verständlich und formen wir um. Aristoteles definierte Energie als „Kraft des Ausdrucks". Und die Engel (s.o.) nannten das Wort „Träger des Lichts". Die Medizin des Menschen also ist, Gottes Allmacht über das Wort mitzuteilen. Dies ist seine spezifische Funktion, sein Teil, sein Teilen, damit das Ganze als Ganzes existieren kann. Hier offenbart sich seine gottgleiche Macht der Schöpfungskunst. Hier sehen wir, daß „Sich-Aus-Drücken" = „Energie-Ver-Wandlung" = „Erschaffen"

= „Manifestation Gottes" = „Heilung" ist. Über das
Wort berühren wir, wir „rühren an etwas", wir bewegen, wir erschaffen einen Weg. Wie unterschiedlich
die Macht des Wortes doch berührt oder be-wegt! Ist das
Wort Träger des Lichts, dann ist es immer Wort Gottes
und berührt und bewegt in unserem Herzen und in dem
der Mitmenschen die Kraft der Liebe, die Kraft der Einheit. Ist es Träger der Finsternis, weil das Ego den direkten Zugang zum Licht versperrt, so erschafft das Wort
Kränkung, Trennung, Schmerz, Mangel...

Unser Wort-Schatz, der kollektive wie auch der persönliche, spiegelt exakt den Grad unserer Bewußtheit.
Sind wir uns kollektiv der Ur-Macht des Wortes bewußt? Wissen wir eigentlich, welche Macht uns gegeben
ist? Für das gesamte Heilgeschehen ist die Reinigung der
Sprache, bzw. des aktuellen Wortschatzes der Menschen unabdingbar. Wie können wir da aktiv mithelfen?

Wir können lernen, mit dem Zentrum der Sprache
wieder bewußt Kontakt aufzunehmen. Das Zentrum der
Sprache ist unser fünftes Energiefeld direkt am Hals, wo
Schilddrüse, Kehlkopf und Stimmbänder und der
Nacken sitzen. Kollektiv haben wir uns ein Instrument
erschaffen, womit wir dieses Kraftzentrum völlig außer
Betrieb gesetzt haben: die Zigarette. Ein einziger Zug
verriegelt sofort den energetischen Fluß dieses feinstofflichen zentralen Machtorgans des Menschen. Wenn das
fünfte Energiezentrum nicht geöffnet ist, können die unteren Kraftzentren nicht mit den oberen kommunizieren.
Vereinfacht ausgedrückt: Wir können unseren Verstand
nicht mit unserem Herzen vereinen. Wir gebrauchen
lebensunfähige Worte, solche, die zerstören anstatt zu
erschaffen; solche, die das Licht vernebeln (Rauch!) und
nicht holistisch sind. Dasselbe, was die Zigarette schafft,
erschaffen zwei Gewohnheiten, die den unbewußten Gebrauch unseres Machtinstruments Sprache deutlich machen: Be-Werten und Be-Urteilen. Wir haben uns ange-

wöhnt, alles zu beurteilen, allem einen Wert zu geben, weil es uns sonst wertlos erscheint oder gar nicht existent. „Der ist gut, und der ist böse", „der ist spirituell, der nicht", „der ist schön, der ist häßlich", „das gefällt mir, und das mißfällt mir", „das ist richtig, das ist falsch" ..., eigentlich ist unser ganzer Wortgebrauch in solche Polaritäten aufgespalten. Polarer Sprachgebrauch erzeugt immer Trennung, Unter-Scheidung. Es ist uns anscheinend sehr lange wichtig gewesen, uns von der Welt der anderen zu unterscheiden. Warum? Weil wir damit unsere Welt in ein besseres Licht zu setzen versuchen, weil wir Recht-haben-wollen. Dies hat unser ganzes Mißgeschick erschaffen: den Feind, die Angst, die Konkurrenz, den Guru, die Welt der Schatten, die Scheidewand zum Höheren Selbst, zur eigentlichen Macht des Wortes. Wir müssen den wahren Wert wiederfinden, der sich uns im Wort, welches aus der unbegrenzten Lichtquelle entspringt, offenbart. Es ist an der Zeit, uns wieder mit den Großen Gesetzen anzufreunden. Die Natur be-wertet nicht, sie findet den Apfelbaum nicht schöner als das Eichkätzchen. Sie setzt keine Werte, weil sie nicht nutznießerisch handelt. Sie ist tolerant und hat Weite und Offenheit für alle Wesen, für alle Ausdrucksformen Gottes. Dieses Gesetz ist ebenfalls im Bewußtsein der Erde wirksam. „Das, was ihr Muttersprache nennt, war nie meine Sprache. Ich be-werte nicht, ich tanze mit dem Tag und mit der Nacht", ist die klare Antwort der Großen Mutter zu unserer Medizin, die wir dem Universum im Wort geben. Unsere Medizin ist noch sehr bitter, noch sehr der Vereinzelung zugewandt anstatt dem Ganzen. Die Große Reinigung muß insbesondere eine Reinigung der Sprache sein. Wenn unser Wortschatz den Schatz des Lichtes aussendet und auf die Erde bringt, ist Friede und Gleichgewicht manifestiert und die Heilung vollbracht. Jedes Wort, das aus dem Gefängnis des Ego kommt, betrübt die Erde, denn es

109

trübt die Materie = die mater = die Mutter. Jedes Wort, das Träger von Kritik, Arroganz und Negativem (= das Leben verneinend) ist, vermehrt nur die dumpfe, freudlose Schwingung, die uns immer mehr vom Licht entfernt hat und uns als Waisenkinder im Universum dahinleiden ließ. Mein Höheres Selbst gab mir ganz entschieden den Befehl, nichts und niemanden mehr zu kritisieren. Kritik erzeuge nur Wunden. Es ist viel heilsamer, das zu stärken, was im andern Licht ist. Dadurch helfe ich ihm, sein Licht zu vergrößern, und diese Kraft entläßt in ihm dann alles, was ich kritisieren wollte. Das Wort des Menschen ist eigentlich seine Geste des Gebens: er gibt dem Universum etwas dazu. Es ist an der Zeit, daß wir Licht geben, daß wir Freude und Schönheit schenken. Wenn wir Worte des Lichts in die Welt ausgießen, erschaffen wir in uns eine sehr hohe Schwingung, die uns sofort mit unserem Höheren Wesen verbindet. Das Höhere Selbst ist unsere reinste Antenne zur Stimme des Göttlichen. Es ist pures Licht und kristallklares Bewußtsein. Ist unser Wort Träger des Lichts, dann ist es ebenso Träger aller Lichtwesen des Universums, und es ist omnipotent. Es ist die Lieblingsnahrung der Erde, ihr „Gelée Royal". Aus der Mutter Mund gebärt sich das Neue Licht, und des Menschen Mund zeugt das Reich der Liebe, den erwachten Himmel auf Erden. Im Prozeß der großen Reinigung wird nur sterben, was ohnehin schon tot ist und den Leib der Erde bedrückt. Daher brauchen wir nicht weiter von der Angst zu sterben sprechen, wenn die Reinigung in vollem Ausmaß ihrer Kraft sichtbar wird. Wir haben die Freiheit, uns für oder gegen das Leben zu entscheiden. Wir haben die Freiheit, Worte des Lichts oder der Finsternis zu wählen. Wir sind es, die Leben oder Tod ent-scheiden!

Wenn wir die Zeichen „erden", die uns zum Erwachen gegeben sind, so können wir auch hier einen Zusammenhang von Wort und Radioaktivität erkennen: Eine radioaktive Umgebung erhöht den Jodwert in unserer Schilddrüse, also dort, wo unser fünftes Energiezentrum sitzt und wir die Medizin der Sprache empfangen. Das „aktive Strahlen" bringt auch hier ein neues Licht: es erzeugt eine neue, hohe Schwingung, die uns genau da, wo wir Sprache aussenden, einen neuen Impuls gibt. Ich kann diesen Impuls als ein vermehrtes Bewußtwerden auffassen, als Medizin der Heilung. Dazu eine praktische Übung:

⊕ Ich begebe mich zum Ort meiner Meditation. Ich schließe meine Augen und atme weißes Licht aus der universellen Lichtquelle über meine Fontanelle ein. Ich lasse den Strom des weißen Lichts durch meinen Kopf fließen und gieße ihn dann intensiv in meinen Hals ein, berühre mit diesem Licht meine Schilddrüse und meinen Kehlkopf und atme es über diese Stelle wieder aus, lasse es zur Lichtquelle zurückfließen. Ich wiederhole diese Atmung solange, bis mir das Energiezentrum am Hals ganz bewußt wird. Dann atme ich das Licht zum Hals und stelle mir vor, ich würde im Inneren dieses Raumes ein Licht anzünden, so daß ich ihn sehen kann. Ich schaue mich genau um. Wie sieht er aus? Wird er hell? Hat er dunkle Flecken? Kann ich Fenster oder andere Öffnungen entdecken? Ist er klein oder groß und weit? Zeigt er eine spezifische Farbe? Wie sind die Wände gestaltet, sind sie glatt oder rauh, voll von Furchen? Fühlt sich die Energie weich oder hart an, sind Staus da? So erforsche ich den ganzen Raum, von vorne bis hinten zum Nacken. Alles, was schmerzt oder krank aussieht, sind Furchen, die sich aus meinem Bewerten oder Beurteilen gebildet haben. Ich bitte dann mein Höheres Selbst*, mir mitzuteilen, welche Aussage, welches negative Wort da sitzt. Ich sehe zum Beispiel einen dunklen Flecken, da, wo die rechte Halsmandel ist (an der ich auch immer wieder eine Entzündung bekomme, ein Zeichen, daß sie mir schon lange etwas mitteilen will) und die Antwort meines Höheren Selbst heißt: „Dies ist ein Zeichen für dein ‚ich kann nicht'." Als nächstes bitte ich mein Höheres Selbst um eine Medizin, um die Verwandlung des betreffenden Fehlers. Ich nehme das, was kommt, und leite seine Energie an die Stelle, die krank ist. Ich beobachte genau, was passiert, wie sich der dunkle Fleck im Beispiel verändert. So kann ich alles durchgehen, bis sich dieser Raum immer mehr mit Licht ausfüllt und heil wird. Dies muß nicht auf einmal geschehen. Ich kann mir dafür einen Monat Zeit geben, wo ich diese Meditation täglich ausführe. Tagsüber richte ich dann meine ganze Aufmerksamkeit darauf, nicht ins Be-Werten zu kommen oder zu sehen, wo ich im Be-Werten bin und es dann sofort mit Hilfe eines Licht-Wortes zu verwandeln. Abschließend kann ich den Ort meiner Öffnung ertasten: Wo ist meine Verbindung nach unten, zum Energiezentrum des Herzens, und wo ist meine Verbindung nach oben, zum Energiezentrum des Dritten Auges? Wenn ich auf Blocka-den stoße, die den Energiestrom stauen, kann ich auch da wieder fragen, was sie aussagen und welche Medizin ich zu ihrer Auflösung brauche. Danach bleibe ich ganz in der Empfindung des energetischen Fließens, des Kommunizierens dieser drei Chakren und gebe dem Strömen dann alle Tore frei: zu den drei unteren und dem einen oberen Zentrum der Kraft und sende Licht von oben nach unten, in die Erde.

---

* wer noch wenig Kontakt mit seinem Höherem Selbst hat, kann sich vor dieser Übung zuerst mit seinem Höheren Selbst verbinden, wie es auf Seite 56ff beschrieben ist.

Ich kann auch die Medizin der Farbe Blau, die Schwingung von Blau, an mein Kehlkopfzentrum hinvisualisieren oder öfter einen blauen Schal, am besten aus Seide, tragen. Auch das Tragen eines Lapislazuli oder eines Kristalls direkt am Hals hilft, dieses Zentrum bewußt einzusetzen. Der Stein oder Kristall muß abends immer entodet werden, da er sich auflädt. Er wird einfach unters fließende Wasser gehalten.

Es ist die rechte Zeit, unser kollektives Sprach-Organ zu reinigen, damit wir es wieder als Werkzeug der Liebe und der Freude einsetzen. Das geheilte Organ wird keine Polarität, keine Trennung, keine Grenzen mehr schaffen. Die geheilten Worte kennen keinen Konjunktiv mehr, dessen Vagheit nur laues Schattendasein erzeugt. Ich möchte, ich würde, ich hätte, ich versuche, vielleicht... sind Worte ohne Kraft und ohne Licht — die alte Versuchung, die Suche und die Sucht, das alte Hindernis, das uns nicht unsere wahre Macht ergreifen läßt. Meine Worte sind Träger des Lichts und drücken die Allmacht des Schöpfers aus. Ich weiß, wenn ich sage „ich kann..., weil ich Ebenbild Gottes bin, weil es meine Aufgabe ist, sein Reich der Liebe zu manifestieren...", wird sich in mein Bewußtsein, und damit auch in den Ozean des globalen Bewußtseins, das Muster „ich kann" einprägen, und das Große Gesetz wird mit mir sein und mir immer mehr Erfahrungen schenken, die die Medizin des Wortes bestätigen. All meine Halsstarrigkeit, mein schmerzender Nacken, mein Eigendünkel wird sich auslöschen, wenn ich dieses Gesetz erkenne. Und ein zweiter Kopf wird in mir lebendiges Instrument der Liebe und des Höheren Verstehens: der erleuchtete Kehl-Kopf. Aus meinen Stimmbändern vibriert wieder die hohe Schwingung des Lichts. Mein Höheres Selbst ist frei zum Erbauen der Neuen Welt.

Erlöst ist die Sünde, die Aus-Sonderung des Menschen; nicht länger wird er das Instrument der Heilung zum Zwecke der Finsternis verwenden. Er erkennt seine Auf-Gabe. Sein Geben ist das Neue Licht. Er ist das Licht der Welt. Es ist erschaffen und anwesend in seinem Denken, in seinem Fühlen, in seinem Wollen, und sein Geist vereint sich mit dem universellen Geist des Lichts. So sei es!

Die Geburt der kosmischen Familie
oder
Die Eltern als Stellvertreter des Erde-Sonne-Prinzips

„... Ihr seid Frühling.
Unter eurer Berührung wächst
das Neue Auge, das Neue Ohr,
die Neue Hand;
das Neue öffnet sich."
Die Antwort der Engel

Die Große Reinigung berührt auch das gewohnte Bild der Familie. Alle Gewohnheiten falsch verstandener Macht, alle Hierarchieformen und Muster der Unterdrückung sind lebensverneinend und haben keinen Platz mehr im Neuen Traum der Erde. Die alte Familie braucht ein Ventil für die alten, toten Muster, sie braucht eine Öffnung, eine Brücke, die ihr hilft, die Gegensätze zu vermählen und das Neue zu erschaffen: der Neue Vater vertritt die Medizin der Sonne, die Neue Mutter vertritt die Medizin der Erde. Das Neue Kind vereint beide und vertritt die Ewige Kraft.

Die Familie ist die kleinste Einheit von Menschen, die im Dialog der Gegenkräfte Yin und Yang ⑤ über die

Kraft der Liebe Polarität aufhebt und das Neue auf die Erde bringt. Die Eltern — oder Älteren —, sind Träger des Lebens. Sie erzeugen Leben und führen es fort. Aber sie sind nur dann wahre Lebenserhalter, wenn sie sich immer als Stellvertreter der beiden Ur-Prinzipien verstehen, aus denen das gesamte Leben aufgebaut ist: empfangender Ur-Grund, das Große Runde Universum $\bigcirc$, die Kraft des Weiblichen, die Ur-Mutter, aus der alles geboren wird, — und der tätige Ur-Sprung, die Große Spirale $\mathcal{S}$, die Heilige Schöpfung, das Ur-Männliche, der Ur-Vater. Unsere Ur-Eltern, das archaische Prinzip, dem wir durch unser Vater- und Muttersein Ausdruck verleihen, ist also die Kraft $\mathcal{S}$ von Urgrund und Ursprung. Die Schöpfungsgeschichte der Ur-Menschen erzählt, daß sich diese Urgroßeltern ständig lieben (d.h. nicht polar sind) und gegenseitig ihre Kräfte schenken und aus dieser Liebe die ganze Schöpfung erschaffen. In der Liebe schenkt die Mutter ihre Kraft dem Vater und der Vater schenkt seine Kraft der Mutter. Beide lösen sich aus ihrer Welt und treten ein in die Welt des anderen. Sie erkennen, daß sie im Grunde gleich sind, eins sind. Nur in ihrer Einigkeit erreichen sie die Seele des Kindes. So treffen sie sich: das Kind und die Älteren.

Die Eltern müssen sich bewußt werden, daß der Grad ihrer Vereinigung, ihres Einigwerdens, ihrer Liebesvermählung bestimmt, welche Seele sie anziehen: ist ihre Handlung wahr, voller Freude und Liebe, erzeugen sie eine hohe Schwingung von Licht und erreichen damit die hohen Lichtwesen. Als Eltern können wir frei entscheiden, ob wir uns ein Kind des Lichts auf die Erde holen oder ein Kind, das weiter Finsternis zu säen plant. Darin liegt keine Bewertung, es ist ein kosmisches Gesetz. Aufgabe der Neuen Familie ist, im lebendigen Zusammenhang mit dem Universum das Ewige Leben zu fördern. Die alte Familie ist aus dem Universum entwurzelt, vereinsamt in der profitgierigen Gesellschaft der Dinge.

Verdinglicht und verdichtet, ohne Licht für die hohen Ziele des Lebens.

Als ich wieder einmal meinen Weg des Lichts verlassen hatte und als Zeichen dafür fast taub wurde, bat ich einen Schamanen um Heilung. Er führte mich ins Medizinrad, zum Platz des Westens; er hob mich kurz hoch und setzte mich fest mit beiden Füßen wieder auf die Erde. „Das ist Deine Mutter. Erinnere Dich, die Erde ist es, die für Dich sorgt. Geh zu ihr, verstehe, was es heißt, daß sie Dich trägt..." Und dann ging er mit mir zum Platz des Ostens und ließ mich zum Himmel, zum Licht der Sonne schauen: „Das ist Dein Großer Vater. Hier ist Deine Quelle des Lichts, hier empfängst Du alle Nahrung für Deine Vision. Erinnere Dich! Deine leiblichen Eltern sind nur die Stellvertreter. Auch sie sind Kinder des Himmels und der Erde. Du hast sie Dir gewählt, und sie haben Dich erwählt. Zusammen seid ihr einander gute Medizin. Ihr lernt das, was Ihr braucht, um ins Licht zu wachsen." Seine Worte waren für mich wie die Kraft eines Blitzes. Sie rissen einen Schleier in meinem Bewußtsein auf, ich erinnerte mich an alles, und ich erkannte die Gewißheit dieses Wissens. Nach einer Kristallheilung konnte ich wieder hören, und meine Beziehung zu meinen Eltern heilte von dieser Stunde an.

Jeder von uns hat das Erbe der Yin-Yangkräfte in sich. Jeder Mensch besitzt einen Anteil dieser Urliebenden universellen Lebenserzeuger in seinem genetischen Code. Die meisten Menschen haben bis ins späte Erwachsensein noch Konflikte mit ihren Eltern, die sie ungelöst mit sich schleppen und meist unbewußt ihren eigenen Kindern auflasten. Aus der Eltern-Kind-Beziehung geht ein wesentlicher Prozentsatz der Bildung des Musters „Schuld und Opfer" hervor. Ich finde das aus meiner Erfahrung als Heilerin immer wieder bestätigt. Wir haben jetzt die Chance, unser kollektives Bewußtsein von der Eltern-Kind-Beziehung, von alten

Begrenzungen zu befreien. Hier braucht unser Bewußtsein viel Licht, viel Öffnung und Ausdehnung, um eine
freudvolle Familie zu schaffen.

Voraussetzung dazu ist ein Bewußtwerden, daß alle
Menschen gleich sind. Jeder ist Kind Gottes. Jeder ist
hier auf dem Plan, um seine ihm innewohnende Göttlichkeit zum Ausdruck zu bringen und mitzuwirken, daß sich
die Neue Welt manifestiert. Die Eltern müssen erkennen, daß das Kind, welches aufgrund einer verwandten
Schwingung zu ihnen gekommen ist, eine *ganze* Seele
repräsentiert, ein Hologramm, ein multidimensionales
Wesen. Wer die Augen eines Kleinkindes anschaut, sieht
die Größe seiner Seele. Später im Kapitel über Reinkar-
nation oder Multidimensionalität werde ich genauer er-
klären, wie sich Gruppenseelen immer wieder in ihren
Leben auf der Erde treffen, um sich gegenseitig das
Geschenk zu machen, die verschiedenen Rollen zu erfahren. Eltern können sicher sein, daß die Kinder, die zu
ihnen kommen, in einem anderen Leben schon einmal
ihre Eltern waren. Einige wissen das. Aufgabe der Neuen
Eltern ist es, dem Kind zu helfen, seine mitgegebene
Göttlichkeit zum Ausdruck zu bringen, das Kind geöffnet
zu lassen, daß es nie die Brücke zur Unsichtbaren Welt
verliert, daß es weiß, wo seine Quelle ist. Aufgabe der
Neuen Eltern ist es, die Vision des Kindes zu erkennen
und es zu unterstützen, seine Vision lebensfähig zu machen. Der ursprüngliche Sinn der Taufe ist es, den Eltern
bewußt zu machen, *wem* das Kind gehört: nicht ihnen,
sie sind nur die Förderer, die Stellvertreter der *einen*
Kraft der Liebe, der Ur-Eltern, des Großen Geistes und
Schöpfers. Ich habe Indianer gesehen, die das Neugeborene der Sonne, dem Licht zustreckten und es dieser
Kraft anbefahlen. Die Kinder, die heute zu uns auf die
Erde kommen, sind meist Seelen, die freiwillig erscheinen (das heißt, nicht mehr, um eine spezifische Erfahrung
zu machen oder um persönliches Karma einzulösen), um

das kollektive Bewußtsein in seiner Entwicklung zum Licht zu beschleunigen. Umso mehr verlangt dies von den Eltern eine neue Einstellung zu diesen Kindern. Warum fällt es uns so schwer, von einem Kind zu lernen, es auch als Lehrer zu akzeptieren? Wir unterliegen stark der Illusion der Zeit. Das Alter wird bald keine Rolle mehr spielen, davon zeugen schon Menschen, die seit 500 Jahren in Tibet und an anderen Kraftplätzen der Erde sitzen und aussehen, als wären sie 30 Jahre jung. Sie haben gewählt, zeitlos auf der Erde zu wandern, in ihnen herrschte kein Wortschatz, der Altern kannte. Sie sind einfach da, um das Gleichgewicht der Erde an ihren besonderen Energiezentren zu bewahren. Wir müssen uns darauf vorbereiten, daß sich das gesamte Leben auf unserem Planeten umformt. Die Verwandlung geht dahin, wo wir herkommen: vom Licht ins Licht. Also laßt uns das Neugeborene als unmittelbares Leben aus der Quelle des Lichts erkennen, als Kraft der Liebe, die allein das Göttliche auf die Erde „zaubern" kann. Es ist im Göttlichen Plan jetzt vorgesehen, daß die Fontanelle des Kindes offen bleiben kann. Die Erinnerung an die Quelle braucht nicht mehr vergessen zu werden, da die Muster der Getrenntheit und der Begrenzung mit dem alten Zeitalter untergehen. Die Erlösung im Menschen selbst kann beginnen. Die Erziehung der Eltern wird sich erleichtern, sobald sie erkennen, welche Seele zu ihnen gekommen ist, und wenn sie sich aus der karmischen Rollenverteilung lösen, was mit Hilfe von Reinkarnationstherapie geschehen kann. Befreit von Vorstellungen des Ego, werden die Eltern dem Kind nicht mehr ihre Muster und Lebenseinstellungen, ihren Eigenwillen aufbürden, sondern sich so zurückziehen, daß die Göttliche Hand immer die ihre führen kann. Das hat viel mit Bewußtheit und mit Vertrauen zu tun. Wenn ich als Vater oder als Mutter weiß, daß dieses Kind allein aus dem Willen Gottes, welcher eins ist mit dem seinen, bei mir ist, dann vertraue ich auf das Höhere Selbst im Kind als die Kraft, die es beschützt und die daran interessiert ist, daß das Kind seine Vision lebt. Seine Vision ist die reine Essenz seines aktuellen Lebensauftrags, sein Licht, welches zu schenken es da ist. Wenn ich dem Kind so begegne, kann ich sehr viel von ihm lernen. Ich kann die eigenen Wurzeln zu meinem heilen Kind wieder verstärken und meine eigene Brücke zur Quelle neu beleben. In den fünfziger Jahren war jede Mutter froh, wenn ihr Kind schön brav möglichst schnell seine Fontanelle schloß, was sie mit einer Zufuhr von Kalktabletten noch vorantrieb. Das wird nicht mehr nötig sein. Die Große Mutter, die Erde, hat selbst ihre Fontanelle wieder geöffnet, denn auch ihr Bewußtsein beginnt eine Neue Spirale, und auch in ihr erwacht das heile Kind, das sich nach der Brücke sehnt und die große Straße des Lichts freigibt für jedes Bewußtsein. Die Quelle darf wieder fließen. Dies wird die Bewegung sein, die in der Neuen Familie ihren Anfang nimmt und im heilen Menschen die Neue Erde gebiert. Ich habe bei vielen Müttern festgestellt, daß sie ihre Kinder nicht allein lassen können. Mit Erstaunen sah ich, wie sie die Spiele der Kinder durchorganisierten und selbst da die alten Muster wieder Furchen ziehen ließen. Oder viele Eltern brauchen ständig einen Babysitter. Die Bedürfnisse scheinen nicht miteinander zu korrespondieren, oder sie schließen die Kinder von vornherein aus bestimmten Lebensbereichen aus, zum Beispiel von der Meditation. Es gibt für mich kaum etwas Lebendigeres, als wenn Kinder bei der Meditation oder bei anderen spirituellen Zusammentreffen dabei sind. Viele Eltern beklagen sich, daß sie durch die Kinder zu nichts mehr kommen. Warum sehen sie nicht, daß sie frei die lebendigste Aufgabe gewählt haben, die das Leben bieten kann? Warum gibt es keinen Weg, der ihnen offenbart, daß sie über das Kind die reinste spirituelle Lehre erhalten, die ihnen kein Workshop oder New-

Age-Seminar bieten kann! Warum ist da immer diese Unterscheidung und so schwer ein Friede in der Befriedigung beider Seiten zu schaffen? Ich denke oft, daß es für jeden gut wäre, einmal eine Geburt mitzuerleben. Dieses Erlebnis ist so essentiell und so nahe der kosmischen Allmacht, daß es sofort eine Veränderung im Bewußtsein erzeugt: Ich sehe, wie sich tatsächlich aus dem „Nichts", aus dem Unmanifestierten, aus dem Ozean der Seelen, ein Neues, ein bekannt Unbekanntes manifestiert. Wodurch? Durch mich, den Menschen, durch meine Liebe, die mir zur Öffnung der Alleinheit geworden ist. Wenn wir wieder ganz sehen können, was bald geschehen wird (nämlich da, wo meine Augen nicht mehr das Äußere passiv einsaugen, sondern aktiv das Göttliche Auge als Strahlen aussenden), dann sehen wir, wie mit dem Neugeborenen aus dem Schoß der Mutter ein greller weißer Lichtstrom erscheint und sich wie eine Aura um das Kind legt. Ich habe dies als Zeichen des Schutzes verstanden, als ob sich der Schutzengel mit dem Kind mitgebärt. Seitdem habe ich ein großes Vertrauen, daß jeder Mensch von Kindesbeinen an von einer ganz anderen Macht geleitet wird als nur von der Obhut der Eltern. Die Neuen Eltern haben ihren Wortschatz befreit von Worten der Angst, der Unterdrückung, Drohung, Erniedrigung, Begrenzung, Erpressung, Ausschließung, Bestrafung... — und geben dem Kind Licht zur Manifestation seines Göttlichen Erbes. Die Kosmische Familie wird geboren, wenn sich die Großen Gesetze des Universums in dem Wunder „Vater-Mutter-Kind" manifestieren, die „Heilige Dreifaltigkeit" auf Erden.

Die Notwendigkeit des Paten

Das aktuelle Bild der Familie zeigt, daß sie im gewohnten Sinne nicht mehr funktioniert. Ich kenne fast nur noch Mütter mit Kindern. Um der Familie zu ihrer Heilung (das ist: so wie sie im Göttlichen Plan gedacht ist!) zu verhelfen, ist die Möglichkeit des Paten gegeben. Hier berühren wir wieder das Thema „Förderung". Der Pate ist der Verbündete des Kindes unter den Menschen. Er ist immer an der Ganzwerdung des Kindes interessiert und der Helfer, der die elterliche Verhaftung am Kinde ausbalanciert. Der Pate sollte sich seiner eigentlichen Aufgabe der Patenschaft bewußt werden, wenn er sie übernimmt. Er muß immer für das Kind und seine Anliegen erreichbar sein. Es hat keinen Sinn, sich einen Paten auszuwählen, der weit weg wohnt und einmal im Jahr zu Weihnachten ein Päckchen schickt. Der Pate sollte sowohl geistig, seelisch und materiell wirken. Er sollte die Eltern entlasten können, wenn sie ihre Aufgabe nicht immer wahrnehmen. Und er sollte auch die Anliegen des Kindes vertreten, wenn es um Entscheidungen geht. Ein Pate, der aus dem Impuls der Liebe zum Kind handelt, ist gerade in der Phase des Übergangs, wo das Alte untergeht und das Neue erst nur als zartes Licht offenbar ist, besonders wichtig. Jeder Mensch, auch wenn er Vater oder Mutter ist, sollte dieses „Ehrenamt" übernehmen. Daraus wächst viel Verständnis für alle. Insbesondere für die nie aus dem Leben zu vernichtende Kraft des heilen Kindes, die in jedem Menschen wirksam ist, wenn wir sie wieder integrieren in unseren All-Tag und ihn so erleuchten zum Tag der Freude und der Verherrlichung des Lebendigen Gottes.

Die Heilung der Schulen

„Das Leiden ist sinnlos.
Ihr müßt lernen, das Neue ABC zu schreiben,
denn alles kann vollkommen sein...
Ihr leidet nur solange,
wie ihr IHN nicht in allem erkennt.
Neue Buchstaben werden aufgezeichnet —
achtet darauf.
...Der höchste Berg, der höchste Baum
kann nicht bis in den Himmel wachsen.
Der stärkste Adler kann nicht so hoch
fliegen.
Aber der kleinste Mensch kann ihn erreichen,
denn der Himmel ist in ihm."
Die Antwort der Engel

Die Schule erzieht das Kind zu dem, was im kollektiven Bewußtsein der Menschen als erlernbares Ziel „Mensch" wichtig erscheint. Lange genug war der Weg der Schule ein Weg des Leidens, der Aussonderung, der Begrenzung. Hier bedarf es einer gründlichen Reinigung. Und hier begegnen wir auch einem der intensivsten Widerstände, einer kollektiven Weigerung, den Neuen Geist einziehen zu lassen. Viele haben versucht, ein neues Schulmodell zu entwickeln, und scheiterten immer wieder an staatlichen Grenzen. Der Fehler lag im „Versuch". Wenn ich nur etwas versuche, genügt die Energie nicht zur Materialisation dieser Idee. Jetzt ist die Phase der Reinigung, der Moment, der ent-scheidet: geschieden wird das Lebensfähige vom Lebensunfähigen. Die herkömmliche Art der Schule hat zuviel Leid, zuviel Mauern, zuviel Totes erzeugt und dient nicht mehr dem Neuen Leben. Aus meinem Höheren Verstehen weiß ich, daß eine neue Schule notwendig gebraucht wird, um der Unterweisung des Lebens einen neuen Meister zu geben. Im Neuen Plan ist ein völlig neuer Geist des Unterrichtens vorgesehen. Und es wird eine neue Schule geben, denn sie ist schon berufen in der Welt des Lichts; es bedarf nur der Göttlichen Helden, die den Ruf vernehmen und furchtlos das Neue bauen, unbekümmert und ohne Energieverschwendung an die staatlichen Widerstände und Normen. Es gibt diese Visionäre und der Augenblick ist reif, daß sie die erste Furche ziehen im brachen Acker des morphogenetischen Feldes „Schule". Schauen wir uns um: Als einzig wirksame Alternative zum klassischen Schulmodell existiert nur die Schule der Antroposophen. Wenn es Rudolf Steiner in einer Zeit gelang, die dem Licht noch mehr verschlossen war als die heutige, eine neue Schule zu gründen, warum gelingt uns heute nicht das gleiche? Wir sagen noch immer: „Ja, aber der Staat!" Warum trennen wir da noch immer und spielen die ohnmächtigen Bürger, die den Staat doch bilden? Hier begegnen wir wieder unserem Machtmißbrauch, wir übernehmen nicht die Göttliche Macht, die uns gegeben ist, um ein Königreich des Friedens, der Freude und der Liebe aufzubauen. Es ist gut, unsere Aufgaben zu vergrößern. Sobald ich mit meinem Ganzsein in Kontakt bin, mit meinem Höheren Selbst den Kanal zu meiner Göttlichen Quelle freilege, schöpfe ich zur Verwirklichung meiner Taten aus diesem Vorrat. Meine Taten sind dann wahre Handlungen, solche, die das Leben erleuchten und lebenswert machen.

Die Umwendung oder Reinigung der herkömmlichen Schule hängt eng mit der Umgestaltung der alten Familienstruktur zusammen. Viele Eltern, die dem Neuen offen sind, haben große Probleme mit der Art der Erziehung, welche den Kindern in der Schule vermittelt wird. Sie wollen eigentlich die Kinder gar nicht mehr in eine Schule schicken — und trotzdem tun sie es. Schon wieder gestaltet sich das alte Muster des Opfers!

Die Neue Schule wird als einziges Ziel haben, dem Kind zu vermitteln, daß es *Kind Gottes* ist, daß es Göttliche Macht besitzt und alles kann, um die wahre Macht des Menschen zum Wohl des gesamten Universums sichtbar werden zu lassen. Ich sehe solch eine Schule zunächst aus dem vereinten Handeln einiger Eltern, die ihre Opferrolle aufgeben, entstehen. Ihr Modell wird so große Früchte tragen, daß selbst der Staat sich ändern muß. Als Beispiel hierfür gibt es in Rußland die Nikitin-Familie: Die Eltern haben der Schule die Aufgabe der Erziehung nicht allein überlassen, sondern schon in den drei ersten Lebensjahren des Kindes wesentliche Öffnungen geschaffen, die schließlich zu dem führten, was wir stolz als „Wunderkind" bezeichnen. Sie haben 6 Kinder, und jedes dieser Kinder lernte in seinen ersten drei Lebensjahren, ca. 50 Prozent seiner innewohnenden Fähigkeiten zu entwickeln. Die Eingebung, die die Eltern für ihr lebendiges Modell hatten, war das Wissen, daß sich in den ersten drei Lebensjahren die Vielfalt der menschlichen Fähigkeiten entwickelt und hier seine schöpferischste Phase ist. Hilft man dem Kind, diese Fähigkeiten zu entwickeln, so übertreffen solche Kinder jedes Maß an althergebrachten „Leistungsvorstellungen". Die Nikitinkinder zum Beispiel waren nie krank, manche machten mit 11 Jahren den Abschluß an der Hochschule, sprachen viele Sprachen, und es gibt keine Grenze für die Ausdehnung der Fähigkeiten. Wichtig erschien diesen Eltern, daß das Lernen ein spielerisches sein muß, denn die *Freude* des Kindes ist sein Meister, der es zu immer weiteren Gefilden des Geistes führt. Wichtig war ebenfalls die Paarung von körperlicher und geistiger Entwicklung. Sie lehrten ihre Kinder, ihren Körper zu steuern, ihn flexibel zu halten, ihn als ein bewegliches Gefäß für die unermeßliche Größe des Geistes geöffnet zu halten. Inzwischen ist ihr Modell in Rußland so berühmt, daß der Vater im Kultusministerium als Berater für Erziehung sitzt und seine Macht am rechten Platze zum Ausdruck bringt.

In Indien gibt es auch ein Schulmodell, das inspiriert und ermutigt: die Sai Baba-Schulen. Sai Baba (ein Avatar) unterrichtet als Hauptfach „Liebe Gottes", seine Schüler lernen, daß sie Kinder Gottes sind, daß sie die Urheber und Erschaffer ihrer Welt sind. Ein Freund, der bei Sai Baba lernte, erzählte mir folgende Geschichte: Die Kinder waren in einem großen Zeltlager untergebracht. Nachts kam ein starker Sturm und riß alle Zelte mit sich davon. Die Kinder rannten nicht in Panik auseinander, jeder für sich, sondern nahmen sich an den Händen und schlossen einen Kreis. Dies geschah ohne Anwesenheit oder Anleitung eines Erwachsenen.

Chris Griscom, eine Heilerin in New Mexico, baut eine „global-school" auf. Dort lernen die Kinder, daß sie nicht amerikanisch, spanisch, indianisch, deutsch... sind, sondern globale Wesen, die holistisch, ganzheitlich, sind. Sie vermittelt den Kindern ein Hineinwachsen in ihre göttliche Potenz. Als sich zum Beispiel ein Kind das Knie verletzte, hielten die anderen Kinder einfach ihre Hände über die blutende Wunde und beschlossen aus dem Geist ihres kindlichen, *noch unbegrenzten Verstandes,* die Blutung zu stillen. Nach einer Weile nahmen sie ihre Hände weg, und niemand sah eine Verletzung oder Narbe. Wir sind allmächtig geboren. Und das Geburtsrecht eines jeden Menschen ist, sich zu seiner wahren Größe aufzuschwingen und die Wunder zu vollbringen, die seiner warten.

Aufgabe der Neuen Schule ist, dem Kind für seine Ausdehung Raum zu schaffen; ihm seine Fontanelle offen zu halten, so daß es immer weiß, an wen es sich wenden muß, um zu fragen, um zu schöpfen. Als Kind Gottes weiß es, daß der wahre Meister und Lehrer in ihm ist. Es lernt von Anfang an, sein Höheres Selbst als Instrument des

Wissens und der Manifestation anzuwenden, und braucht nicht mehr den Umweg des Ego, die Welt der Illusion, um sich zu erkennen. Ziel der Neuen Schule ist es, das Kind zu erhöhen, statt seine Größe zu zerbrechen oder zu limitieren. Die unbegrenzte Phantasie des Kindes ist der bewegliche Rahmen des Unterrichts: Phantasie muß zuerst wieder in den Lehrern erwachen. Das geschieht dann, wenn im Lehrer selbst wieder die Kraft des heilen Kindes lebendig geworden ist. Diese Kraft ist Voraussetzung, die Aufnahmeprüfung des Neuen Lehrers.

Um dem Kind wieder ein Gefühl seines globalen Bewußtseins zu vermitteln, können wir zum Beispiel als „Fach" Geomantie einführen, wo das Kind ein lebendiges Gespür für das Bewußtsein der Erde bekommt. Oder wir erweitern das Fach Biologie und lassen das Kind einfach beschreiben, wie *es* den Körper des Menschen sieht. Es wird die Aura mitbeschreiben, die feinstoffliche Energie, die sich seinem geöffneten Sehen nicht entzieht. Es wird nicht erst, wie die meisten von uns, nach Abschluß der Schule von den Chakren erfahren, sondern in der Schule lernen, mit diesen Energien seine Ganzheit zu stärken, die Antennen zum Universum offen zu halten und sie zu benutzen. Es wird lernen, wie es mit den Steinen, den Pflanzen und den Tieren eine Familie bildet, die zusammengehört, und wie jeder eine Medizin zu geben hat, die die eigene vermehrt und bereichert. Es wird lernen, wie es mit seinem Geist hinaufreicht in alle Sonnensysteme, in alle Galaxien, in alle Winkel des Universums. Die Wesen aus anderen Sonnensystemen zeigen sich besonders gern den Kindern, denn die Kinder können ihnen ohne Ressentiments des Rationalen begegnen und verstehen sie daher auch. Es ist eine wunderbare Erfahrung, mit Kindern Wetter zu machen. Mit Kindern gelingt das viel besser als mit Erwachsenen. Kinder, denen noch nicht eingeimpft wurde: „das geht —

und das geht nicht", gehen mit mir selbstverständlich unter freien Himmel hinaus, wo wir die Sonne über ein gemeinsames Singen der Silbe „RA" rufen oder indem wir eine große Sonne am Himmel visualisieren. Und die Sonne zeigt sich. An den Harmonietagen kam immer wieder die Aufforderung von den Lichtwesen, viele Kinder dabei sein zu lassen, weil sie die klarsten Kanäle für das Licht sind und sich so die neue Schwingung am direktesten auf die Erde manifestieren kann. Ich liebe es, mit Kindern zu meditieren und sie dann berichten zu lassen. Meditation wird ebenfalls ein „Fach" der Neuen Schule sein. An manchen Schulen ist Meditation schon integriert und wird von den Kindern sehr geliebt. Wir können zur Förderung der globalen Verständigung zum Beispiel die Zeichensprache einführen, die alle Menschen auf diesem Planeten verstehen können. Die Aufmerksamkeit des neuen Unterrichtes ist darauf gerichtet, keines der alten, lebensunfähigen Muster mehr zu produzieren. Daher wird sich auch die Sprache umgestalten. Die Kinder lernen einen neuen Wortschatz und die Macht des Wortes zum Erschaffen ihrer Welt. Die Kinder wissen wieder um ihre Lichtnatur und lernen das Licht als Instrument des Neuen Lebens zu gebrauchen. Es gibt keine Noten mehr, da das Muster der „Bewertung" aus dem Bewußtsein ausgelöscht ist. Es wird keine begabten und unbegabten Kinder mehr geben, keine Kinder, die studieren dürfen und solche, die nicht studieren dürfen. Der universelle Geist des Wissens, die geistigen Gaben des Wassermanns erreichen jedes Kind aufgrund seiner natürlichen Offenheit, die ihm Gott mit seinem ersten Atemzug auf dieser Welt gegeben hat. Wir brauchen keine Energie mehr zu verschwenden, die Versagerangst, Konkurrenz, Unterscheidungen... erzeugt. Die Kinder heilen dann die Taten ihrer Vorgänger aus ihrem eigenen Wissen. Sie sind wieder Kinder, die die Erde lieben, die mit ihr träumen und wissen, wo sie am Stoff des Neuen Traumes mitweben. Sie brauchen nicht ein künstliches Vergnügen durch ein ausgeklügeltes Freizeitangebot, sie brauchen kein freies Wochenende, um sich vom Schulstreß zu erholen, sie brauchen keine Nachhilfestunde, um das Klassenziel zu erreichen, sie brauchen keine psychologische Therapie, um nicht ver-rückt zu werden als Sonderling... sie brauchen keine eigenen Kinder, um ihre ungelebten Träume zu kurieren — sie sind die erwachten Prinzen und Prinzessinnen, die reif sind, ihr Königtum anzutreten. Sie sind unverletzlich durch ihre Lichtnatur, durch ihre Einheit mit allem, was ist. Sie sind all-eins.

Die Heilung der Geschlechter oder die Heilung der Sexualität

> „Liebe ist, Deine Welt verlassen und den Ur-Sprung wagen."
> Mein Höheres Selbst

Im Neuen Traum der Erde begegnen sich Frau und Mann als heile Wesen, als Wesen, die ganz sind. Sie suchen im Gegengeschlecht nicht mehr die polare Kraft, die ihnen fehlt. Denn sie erkennen das Konträre im Außen als ihr innewohnendes Geheimnis. Dies ist die Offenbarung im Neuen Licht. Die Erde hat in den letzten Jahren sehr intensiv die Kraft des Weiblichen aufgeweckt. Daraus entstand zuerst die feministische Bewegung als notwendendes Gegengewicht zur vereinsamten patriarchalischen Gesellschaft. Jetzt aber eint das Zeichen des Wassermanns ≈≋ das Weibliche und das Männliche zum *ganzen* Menschen. Die beiden Wellen sind Symbol für das Zusammenschmieden der polaren Kräfte. Sie wirken verstärkend miteinander, nicht mehr gegeneinander. Aufgabe der Frau ist, den Mann wieder zur Liebe zu inspirieren. Es ist eine Tatsache, daß im Augenblick die Frauen inniger mit dem Neuen Traum der Erde verwoben sind als die Männer. Sie hören einfach über ihre Verwandtschaft als Frau deutlicher den Ruf der Erde, welche als Mutter ja auch mehr Energie des Weiblichen aussendet. Beide, die Erdmutter und die irdische, sind die Gebärer des Neuen Lebens. Ihr großes gemeinsames Gesetz ist: „Nichts darf getan werden, was den Kindern schadet." Viele Frauen haben sich von den Männern abgewandt. Dies ist keine Lösung. Gott hat sich ausgedrückt in Mann und Frau (zumindest während der letzten großen Zeitalter — wir wissen, daß zur Zeit von Lemurien und Atlantis der androgyne Mensch gelebt hat). Warum? Er öffnet uns damit einen Weg, das Polare zu verbinden und in die Einheit zu gelangen. Der alte Pol des Mannes hat den Pfeil zum linearen, zum rationalen Denken erzeugt. Er hat sich mit der Illusion des „Fortschritts" immer mehr vom alten Pol der Frau entfernt, welcher meist ohnmächtig seine Kraft einfrieren ließ. Das Weibliche hat für diese Zeit fast unsichtbar im Dunkeln geschlafen. Jetzt ist der männliche Pfeil gebrochen, er erkennt: Rational kann er das Leben als Hologramm, als ein Ganzes, nicht erfassen. Und dies ist der Beginn der neuerwachten weiblichen Kraft. Sie bleibt nicht mehr verborgen, sondern sie ist die Energie, die jetzt das Unsichtbare zum Sichtbaren wendet. In einer Meditation zeigte mir die Erde, wie sie ihr Innerstes nach außen stülpte und ein völlig neues Leben gebar. Ich habe dieses Bild so verstanden, daß sich alles offenbart, was vorher unbewußt war. Eine apokalyptische Vision, eine Offenbarung, die Form und Gestalt annimmt.

Die „heile Frau" oder „ganze Frau" ist dann präsent, wenn sie das Männliche in sich erkennt, was gleichbedeutend ist mit „liebt". Und umgekehrt: Der „heile Mann" oder der „ganze Mann" existiert nur, wenn er das Weibliche integriert, es als ihm innewohnende Kraft erkennt und liebt. Der eine sieht dann den anderen nicht mehr als „seine bessere Hälfte", sondern erfaßt den ganzen Menschen — oder noch genauer: die ganze Seele. Denn jeder Mensch ist ein Hologramm, ein holistischer Spiegel seiner Lebensvielfalt. In meiner Liebe zum Mann begegne ich dann nicht nur ihm, sondern all den Personen seiner Seele, die er in verschiedenen Leben verkörperte. Einfach ausgedrückt: In der Liebe zum Geliebten bin ich im Kontakt mit dem gesamten Universum, mit Gott.

Als ganze Wesen ist die Liebe zwischen Frau und Mann frei von Erwartungen. Jeder ist in sich selbst erfüllt und kann eigentlich nur noch Liebe in der Gebärde des Gebens ausdrücken. Wie kann ich nun als Frau mein Männliches zu meiner Ganzheit integrieren? Und umgekehrt?

Erinnern wir uns an die Kraft des Yin und Yang. Yin ist die weibliche Energie, Yang die männliche. Yin ist das Innere, im Außen nicht Sichtbare. Yang ist die Verkörperung, das Sichtbare, das Gestaltete, die Struktur. Die Aufgabe ist eine der Ergänzung: die Frau muß ihr Yang finden, welches unsichtbar in ihrem Innern präsent ist, und der Mann muß sein Yin finden, welches ebenfalls in seinem Innern als zunächst unsichtbare Kraft wohnt. Erst über die Bewußtwerdung der inneren Gegenkräfte können diese Kräfte aktiv werden. Zur Heilung, zur Ergänzung, verwende ich wieder die Meditation. In ihr habe ich ein Mittel, das mich, frei von allen psychotherapeutischen Begrenzungen und Definitionen in mein eigenes Zentrum des Wissens führt. Vermittler ist immer mein Höheres Selbst.

⊕ Hier eine Übung dazu:
(Ich beschreibe sie für die Frau, für den Mann gilt dann das gleiche, nur daß er nach seiner Yin-Kraft fragt.)
Ich begebe mich zum Ort meiner Meditation, setze

mich in meine Meditationshaltung und schließe die Augen. Ich atme die Kraft des weißen Lichts über meine Fontanelle ein, spüre, wie sie aus der universellen Lichtquelle zu mir fließt, und lasse sie durch meinen Kopf, meinen Hals, durch mein Herz bis in den Solarplexus strömen, von dem aus ich sie dann wieder ausatme. Für einige Minuten wiederhole ich diese Lichtatmung. Dann rufe ich die Kraft meines Höheren Selbst und versiegele mich wieder mit ihm, bis mein ganzer Körper, jede Zelle Bewußtseinsträger dieser hohen Energie ist (s.S. 56ff). Jetzt ist der Kanal zur Quelle des Wissens frei, und ich kann fragen. Ich bitte mein Höheres Selbst, daß es mir hilft, meine Yang-Kraft zu finden: Gibt es einen speziellen Ort in meinem Körper, wo sich diese Kraft bündelt? Wie sehe ich diesen Ort mit meinem geistigen Auge, wie empfinde ich ihn? Zeigt es mir diesen Ort, so lenke ich meine ganze Aufmerksamkeit dorthin und erwecke über meine Bewußtwerdung diese Energie. Alles, was sich mir hier offenbart, sind Emanationen meiner männlichen Seite. Ich bitte um ein Instrument, ein Werkzeug, womit ich diesen Schatz öffnen kann. Ich versiegle mich dann mit der Energie des Werkzeugs an dem Ort, der sich als Sitz meiner Yangenergie zeigt. Ich beobachte, wie er sich dadurch verwandelt. Ich bitte mein Höheres Selbst, daß es mir die Fähigkeiten meiner männlichen Kraft zeigt. Ich entscheide mich dann, *eine* dieser Fähigkeiten in mein Bewußtsein aufsteigen zu lassen. Das heißt, ich versiegle sie da, wo ich sie im Körper am deutlichsten als Energie wahrnehme, und lasse diese spezifische Fähigkeit als Fokus des Tages, der Woche... in der äußeren Welt wirksam werden. Ich setze sie bewußt ein.
Diese Übung kann ich so lange fortsetzen, bis ich das ganze Potential meiner Yang-Energie erfaßt habe und in mein Leben integriere. Falls mir als Frau meine Yin-

Kraft fremd ist, beginne ich als erstes damit, sie zu entdecken, oder ich benutze die Meditation dazu, gleichmäßig mein Yin und mein Yang aufzuwecken, und lasse dann beide sich miteinander vermählen.

Eine gute Hilfe ist es auch, das, was ich in der Meditation als Yang-Kraft empfange, zu malen oder in Ton zu formen. Es ist mir dann eine sichtbare Erinnerung, eine Medizin, die zu mir spricht und mein Bewußtsein darin unterstützt, den Fokus zu halten.

Die Ergänzung der Geschlechter zu Ganzen Wesen ist die notwendige Reinigung, damit Liebe zu der Kraft erwachen kann, die ihr im unendlichen Plan der Schöpfung zugedacht ist: Liebe ist Erkenntnis der Einheit. Sie ist bedingungslos, das Ewige Strömen, das alles Leben enthält. Nur wenn wir in diese Quelle hineinreichen, können wir das Unmanifestierte ins Manifeste hole, können wir materialisieren und die Welt so gestalten, wie sie sich gemäß dem Gesetz der Liebe gestaltet. „Materialisieren" ist eine weibliche Energie, mater = die Mutter, es ist die Medizin, die allein dem Weiblichen gegeben ist: zu gebären. Eine Frau empfängt den Samen des Mannes, und aus der Welt des Unsichtbaren formt sich das neue Leben. So wird der Weg bewußt, wie sich ein Tropfen aus der Göttlichen Quelle des Lebens verdichtet zur Form. Mann und Frau bekunden in der Liebesvermählung das Geheimnis des Lebens: sie schenken sich gegenseitig her, jeder verläßt seine Welt und geht ein in die Welt des anderen, und zusammen erreichen sie das Zentrum „Gott" in der Ekstase ihrer Vereinigung. Die Personen schmelzen, lösen sich auf, und an ihrer Stelle erscheint Gott, das EINE.

Und hier berühren wir ein mächtiges Muster: die Sexualität. Hier bedarf es eines ordentlichen „Hausputzes". Geklärt werden muß, wozu uns Sexualität gegeben ist. Welche Vision hat sie in den Augen Gottes? In den Augen des Menschen war Sexualität bislang eine der ver-rücktesten Ideen, so mißverstanden, daß wir heute Krankheiten unter uns haben, die uns sehr energisch wachrütteln wollen, damit wir die Medizin der Sexualität in ihrer reinen Essenz wiederbeleben. Sexualität ist nichts Schlechtes, was uns von Gott trennt oder unserer Erleuchtung im Wege steht. Gerade umgekehrt: Sexualität ist die Energie, die uns zur Erkenntnis der ekstatischen Erfahrung führt, zur Einheit mit allen Wesenheiten des Universums. Es ist unser irdischer Weg der Erleuchtung, unser Weg zu Gott. Im Göttlichen Plan gibt es keine Erfindung, die schlecht oder pervers ist. Der Göttliche Plan ist die Bejahung des Lebens, die Liebe zum Leben. Wenn uns religiöse Doktrinen gelehrt haben, Sexualität sei das Machwerk des Teufels, so bekunden sie damit, daß im Plan Gottes etwas Negatives existiert, Gott also auch negativ oder schlecht ist.

Das einzige, was wir klären müssen, ist, alle Begrenzung, alle Fixierung, alles Gewohnte aus dem Bereich der Sexualität auszulöschen und uns mit der ursprünglichen Energie dieses Geschenkes wiederzuvereinen. Wir haben Sexualität mit genitaler Energie gleichgesetzt. Da sind wir stehengeblieben, trotz vermeintlicher Befreiung der Revolution in den Sechziger-Jahren. Die Revolution war keine, denn statt eines Geliebten haben wir uns einfach mehrere genommen, die Form der Sexualität aber ist die gleiche geblieben; die Praktiken blieben im untersten Chakra hängen. Was wir damals auch nicht beachtet haben, war die Tatsache, daß wir durch die Liebesvereinigung unsere feinstofflichen Körper, unser Aurafeld miteinander vermischen. Sie bleiben ca. 48 Stunden miteinander verbunden, unabhängig davon, wie nahe oder ferne der Geliebte ist. Sensible Menschen wissen das. Die Fixierung auf unsere ersten beiden Energiezentren hat uns blind gemacht und unsensibel. Schlafen wir mit mehreren Menschen, so haben wir in unserer Aura ein völliges Durcheinander der unterschiedlichsten Energien, und dies macht uns krank. Wir sind dadurch dermaßen außer Balance, daß wir schutzlos Erreger wie Aids etc. aufnehmen.

Wenn sich Frau und Mann vereinen und in der orgastischen Ekstase in ihr Göttliches verschmelzen, sind sie in der Einheit mit allen Wesen der Schöpfung. In diesem Augenblick ist ihnen kein Geheimnis verborgen. Sie können als „Götter" die Schöpfung als ihre eigene erkennen, sie verstehen die Sprache des Göttlichen „ES WERDE" und empfangen wieder ihr Großes Erbe; ihre Erinnerung wird zu ihrem Wissen, und das Wissen entläßt sie völlig verwandelt aus der orgastischen Einheit wieder in die niederen Frequenzen des Irdischen. Wird die Sexualität wieder erkannt als Geschenk zur Einswerdung, so werden bald nur noch Götter auf der Erde wandern. Die Energie, die sich beim sexuellen Akt vermehrt, muß die Ganzheit des Menschen erfassen. Die in den beiden unteren Chakren anwachsende Energie muß aufsteigen bis zum Herzzentrum, und wenn das Herz geöffnet ist, kann die Energie weiter zu den höheren Chakren emporsteigen, und der Kanal ist frei, der Erde und Himmel verbindet. Ich nenne die aufsteigende Energie „Himmelfahrt". Mann und Frau verwandeln ihre irdischen Gefäße zu Lichtkörpern, und unbegrenzt erreichen sie bereits von der Erde aus den Himmel, das Licht, ihr wahres Zuhause. Die klassischen Namen für die aufsteigende Energie sind „Kundalini" oder „die schlafende Schlange erwacht" oder „Shakti". Mit dem holistischen Auge sehen wir die Energie als aufwärtsgerichtete Spirale, welche wunderbare Lichtfarben ausstrahlt. Sexualität, in ihrer Ganzheit erfaßt und praktiziert, öffnet unser Bewußtsein für das Unmögliche, für das Unvorstellbare, für die Utopie. Sie lehrt uns das Manifestieren durch den Akt der Empfängnis. Das Geheimnis der „Unbefleckten Empfängnis" wird apokalyptisch: sobald wir das Licht im

Zustand der Freude, der Ekstase erreichen, kann sich in unser irdisches Gefäß der Göttliche Geist einsenken, und wir empfangen sein Gut: die Erleuchtung. Die Botschaft von Jesus war die Botschaft der Liebe. Unser Lieben muß hinaufreichen in die Schwingung der hohen Freude, der Ekstase. Gott lieben, heißt alles lieben. Ich muß durch meine Bewußtwerdung die Brücke spannen, die beide Pole vereint: mein Ich und den Rest des Universums. Alle unsere Zellen formen sich um. Sie sind im Aufbruch in ein größeres Universum. Den Startschuß dazu gibt unser aufgewachtes Höheres Bewußtsein, welches wiederum von den Neuen Strahlen (Radio-Aktivität) aktiv gemacht wird. So verknüpft, gibt alles einen Sinn.

Da, wo wir Gott, unserem wahren Wesen, am deutlichsten begegnen, in der orgastischen Ekstase, da ist uns diese Begegnung am wenigsten bewußt geworden. Dies bekunden wir schon darin, daß wir den Orgasmus, den Rausch der Lebensfülle, gar nicht halten können und nach einigen Sekunden oder Minuten aus der Einheit wieder herausfallen und wie damals das Paradies wieder freiwillig verlassen. Warum? Es hat viel damit zu tun, daß wir uns nicht hingeben können. Wir tun uns so schwer, dem begrenzten Verstand im Erlebnis des Verschmelzens seinen rechten Platz zuzuweisen: sein Höheres Verstehen. Nur wenn der Verstand in sein holistisches Konzept eintaucht, kann er, integriert mit dem Fühlen, der Kraft des Herzens, die sexuelle Vereinigung als Geschenk der Erleuchtung erleben. Linear können wir nicht zum Himmel auffahren. Linear steigt keine Schlange nach oben, linear pulsiert die Lebenskraft niemals. Das Modell des Lebens oder der Schöpfung folgt der Bewegung des Kreises, der sich spiralenförmig ins Unendliche (∞) fortsetzt. Die Lebenskraft ist Energie. Transformation, Metamorphose, Wandel... das sind die neuen Lichtfunken, die in unserem Bewußtsein eine

Ausdehnung erschaffen und es hinaufreichen lassen zu seiner wahren Größe. Die göttliche Macht in jedem Menschen wird jetzt genauso geboren, wie die Frau kraft der Empfängnis das Kind gebärt. „Empfängnis" ist jetzt nicht mehr nur den Frauen vorbehalten, sondern öffnet sich allen Menschen, die das Neue Licht in ihr Bewußtsein einziehen lassen. Die Apokalypse hat begonnen: das Geheimnis der Empfängnis, das ur-pfingstliche Ereignis wird offenbar. Sexualität im neuen Licht zeigt uns, wie die alte Begrenzung gleichsam explodiert und wir hinausschießen in die unbegrenzte Weite des Kosmos und dort Einsehende werden in seine Großen Gesetze, die uns wieder lehren, Licht zu manifestieren oder zu materialisieren. Wenn wir uns wieder erinnern, daß unsere Eingebungen und Ideen empfangene Güter aus dem Reich des Geistes sind, und wir den Moment des Empfangens bewußt erleben, lernen wir auch, ihn zu beherrschen. Das heißt, wir können, wann immer wir es wollen, zu der unendlichen Quelle, der Lebensfülle, hinaufsteigen kraft der Himmelfahrt, die wir mit unserer heilen sexuellen Energie vollbringen — und aus dem Reich des Unmanifestierten wählen, was wir dann auf der Erde manifestieren werden. Dabei wird die Wahl unser Höheres Selbst treffen, denn unsere Seelen haben bereits kollektiv beschlossen, die Welt des Ego emporzuheben zur Welt des Höheren Selbst. Sind wir wieder „einverstanden" (eins im Höheren Verstehen) mit Sexualität als Geschenk Gottes, können wir die alten Muster aus dem Reich des bewertenden Verstandes gegen ein neues mentales Äquivalent eintauschen: Vereinigung. Multidimensionalität. All-Einheit. Ekstase. Erleuchtung...

Was können wir tun, um wieder in den Himmel zu fahren? Um Sexualität tatsächlich als Erleuchtung zu erleben? Die Stimulanz an den Genitalorganen muß den Bereich des Körperlichen überschreiten und die geistige Essenz empfangen, die aus einer besonderen Drüse, am

Mittelpunkt der Schädelbasis, ausströmt. Wir müssen bereit sein, den „holistischen Orgasmus" erleben zu wollen, der sich uns als eine zirkulierende göttliche Energie zeigt: Konzentrieren wir uns auf die Stelle an der Mitte unserer Schädelbasis, so kann sich dieses Energiezentrum, das innigst mit dem Dritten Auge verbunden ist, öffnen — physikalisch stößt sie ein Hormon aus — und die spirituelle Energie direkt aus dem göttlichen Bewußtsein empfangen und sie dann den unteren Chakren, dem Genitalbereich, zufließen lassen. Von dort aus bewegt sich die „Schlange" oder Energie dann wieder aufwärts durch alle Chakren zu seinem Zentrum am Punkt der Schädelbasis. Die Bewegung ist eine achtförmige. Symbol der Unendlichkeit, Symbol der Ganzheit. So beginnen wir in uns selbst, die Energie der Ganzheit auszusenden, und über diese Schwingung erreichen wir jenseits der körperlichen Begrenzung die Energie der kosmischen Ganzheit, Gott. Dadurch wird unser Orgasmus ganz, zur Ekstase Gottes, dem eigentlich angemessenen Lebensgefühl des Menschen. So will uns Gott als gleiche Spielgefährten, mit denen er lachen kann, in die er sich verliebt.

Alle sexuellen Vereinigungen, die nicht in der Kraft der Liebe vibrieren, sind eigentlich Mißbrauch der kosmischen Energie. Dies wird heute bewußt. Die Zeichen sind gegeben durch Krankheiten wie Aids. Inzwischen weiß man, daß Aids nicht übertragen werden kann, wenn sich die Liebenden wirklich in der Kraft der Liebe vereinen, auch wenn einer von ihnen mit Aids infiziert ist. Liebe sendet eine so hohe Frequenz aus, daß die Frequenz Aids, welche sehr niedrig ist, sie niemals erreichen kann. Im alten Muster der Sexualität haben wir alle gemeinsam einen ungeheuren Energiemißbrauch betrieben, der uns heute ganz einfach nicht mehr gestattet wird. Ich denke, daß Universum langweilt sich und hat keine Freude mehr daran, uns weiter in unserer Ignoranz zuzusehen. Dies ist für mich die Botschaft von Aids. Und schauen wir uns um: Die Menschen fangen an, nicht mehr blindlings dem Impuls des ersten Chakras zu folgen. Jetzt müssen wir nur noch die Angst transformieren; das heißt, nicht aus Angst vor Ansteckung sich der sexuellen Vereinigung verschließen, sondern die Sprache des Herzens befolgen, die mir das Ja oder Nein gibt. Wenn ich die Sexualität zur holistischen heile, sende ich nicht mehr nur die kranke Sexualität als genitale aus, sondern die hohe Schwingung der geheilten, die dann auch solche Menschen anzieht, die in der gleichen Resonanz dazu sind. Dies funktioniert über das große Gesetz der Resonanz. Es ist jetzt die Zeit, die uns lehrt, aktiv die hohe Strahlung des Lichtes auszusenden: wir können alle Schutzmaßnahmen vergessen, die meist aus der Angst geboren werden. Sich schützen ist immer ein Sich-Abschließen, eine Trennung, eine Kontraktion, die Staus und Druck im Energiesystem = Krankheiten erzeugt. Die Medizin, das heilende neue Äquivalent, heißt: Sich-Öffnen, Sich-Ausdehnen, die dreidimensionale Welt des Ego zur multidimensionalen vergrößern, unsere Gott-Natur aussenden. Wir können die Neue Kraft nur fühlen, wenn wir sie ausstrahlen.

Es ist interessant zu beobachten, wo in uns die spiralförmig kreisende Kundalinienergie Blockaden begegnet: im Solarplexus? Dann begegnen wir der Schranke aus anderen Leben oder Verwundungen aus der Kindheit... Im Herzzentrum? wir können uns nicht hingeben, herschenken, das Tor zum Unbekannten öffnen... Im Halszentrum? Beurteilung, Bewertung, Erwartung... begrenzen hier. Im Stirnzentrum? Ich sehe egozentrisch, ich erkenne das Wesen der Ganzheit nicht, ich strahle das Universum nicht aus... Im Kronenzentrum? Mein Ego behauptet seinen Platz und gibt ihn nicht frei für mein Höheres Selbst, meine Fontanelle verweigert die Substanz der Göttlichen Quelle, ich verneine meine Königs-

138

krone... Dies sind nur einige Beispiele für Antworten, die mir dann auch den Weg zur Heilung öffnen. Wir sehen, wie auch Sexualität den Weg zur Bewußtwerdung der Chakren fordert. Je inniger wir wieder mit diesen Wirbeln der Energie tanzen, desto leuchtender werden unsere Körper, desto transparenter ihr materielles Gewand. Integrieren wir Sexualität in holistischer Weise, so wird uns auch wieder der Schlüssel gegeben, wie wir ganz *direkt* heilen können, so unmittelbar, daß wir auch auseinandergerissene Zellen wieder verschmelzen können.

Wenn wir vom Herzen aus lieben, liebt Gott durch uns. Dies ist Ekstase.

Verabschiedung des Rentnertums

„Ich will unter keinen Umständen ein
Allerweltsmensch sein. Ich habe ein Recht,
aus dem Rahmen zu fallen — wenn ich es
kann. Ich wünsche mir Chancen, nicht
Sicherheiten. Ich will kein ausgehaltener
Bürger sein, gedemütigt und abgestumpft,
weil der Staat für mich sorgt. Ich will dem
Risiko begegnen, mich nach etwas sehnen
und es verwirklichen, Schiffbruch erleiden
und Erfolg haben. Ich lehne es ab, mir den
eigenen Antrieb mit einem Trinkgeld abkau-
fen zu lassen. Lieber will ich den Schwierigkeiten des Lebens entgegentreten als ein
gesichertes Dasein führen; lieber die ge-
spannte Erregung des eigenen Erfolgs als die
dumpfe Ruhe... Ich will weder meine Freiheit
gegen Wohltaten hergeben noch meine
Menschenwürde gegen milde Gaben. Ich
habe gelernt, selbst für mich zu denken und
zu handeln, der Welt gerade ins Gesicht zu
sehen und zu bekennen: dies ist mein Werk.
Dies alles ist gemeint, wenn ich sage, ich
bin ein freier Mensch."

Albert Schweizer

Alles, was außen sichtbar wird, kann sich nur formen
kraft unserer Gedanken, unserer mentalen Äquivalente.
Warum sind wir eigentlich immer noch am Altwerden, in
Krankheit, Ohnmacht und Untauglichkeit ... interessiert? Was reizt uns denn daran, uns einen gemütlichen
Lebensabend zu machen, an dem wir nie zufrieden,
ständig nörgelnd denen begegnen, die uns füttern? „Ich

habe mein ganzes Leben lang geschuftet, jetzt habe ich ein Recht dazu, mich auszuruhen" ist die gewohnte Antwort. Bleiben wir weiter dieser Einstellung treu, so verdichten wir nur die niederen Schwingungen, vereinen uns weiter im Gefängnis unseres begrenzten Bewußtseins und benügen uns weiter mit unseren Leidensgenossen, den Herren und Damen Freudlosigkeit, grauer Alltag, Leid, Kummer, Sorgen, Ungerechtigkeit, Beurteilen... und bürden diesen ganzen Ballast weiter der Erde und allem Leben auf ihr auf. Wenn ich mich aber zur Größe meines Gottselbstes ausdehne, finde ich ganz andere geistige Impulse, die mir ein Leben ohne Altwerden im Sinne von Dahinsiechen und Verkalken gestalten. Dort empfange ich immer die frohe Botschaft! Ich muß nicht mein Lebenlang schuften! Das verlangt niemand von mir — außer mein Ego. Ich bin frei und kann frei die geistige Essenz wählen, die mein Leben strukturiert. Ich kann mich entscheiden und das Gesunde, das Schöne, das Lebendige in meinen Geist einziehen lassen und mein Leben entsprechend gestalten.

Schon als Kind habe ich beschlossen, nicht älter als 21 zu werden, denn ab da bin ich erwachsen und muß in die trostlose Welt dieses Traumes einsteigen. Meine kindliche Verweigerung hatte große Kraft, und ich hatte es fast geschafft, mit 17 von der Erde wieder wegzugehen. Eine schwere Krankheit erschütterte mich in meiner Traumwelt und ließ mich aufwachen, ließ mich entscheiden. Damals habe ich mich für die Erde entschieden, denn in diesem Augenblick hatte ich eine Vision von der Schönheit des irdischen Lebens. Ich erkannte, wie wunderbar und frei der Mensch handeln kann, wenn er aus der *Freude* handelt. Seitdem weiß ich, daß ich keine Versicherungen und Vorsorgemaßnahmen für eine Rente brauche, und ich weiß, daß ich nie auf ein Altern hinlebe. Ich wünsche mir, solange ich mein Ja zur Erde als meinem aktuellen Reiseziel gebe, solange daran mitzugestalten und mitzuwirken — ohne Altersgrenze, auf ihr die paradiesische Harmonie und Schönheit wiedererwachen zu lassen. Durch die ganze Einrichtung des Rentnertums schaffen wir eine große Abhängigkeit und hegen immense Erwartungen. Und wir spielen weiter die Rolle der Opfer, und kreieren weiter Schuld und Schuldige. Sich darauf einzustellen, Rentner zu werden, rentiert sich nicht für einen Menschen, der holistisch denkt und handelt. Er läßt sich von der Norm nicht austricksen. Er erkennt die Norm als das, was sie ist: die Begrenzung, die Angst der Mächtigen vor anderen Mächtigen. Und so fällt er „aus dem Rahmen", wie Albert Schweizer es oben bezeichnet. Das heutige Aus-dem-Rahmen-fallen wirkt wie ein „Abfluß-frei" auf das begrenzte Gefängnis, das Ego, welches wir wie einen Stöpsel in uns tragen. Das Erbe unserer Technik, das Erbe unseres Rationalen, ist Erbe des Ego. Diesen Rahmen gilt es zu transzendieren. Ziehe ich den Stöpsel Ego heraus, dann steht meiner Gottgeburt nichts im Wege.

Es ist ein großes Geschenk, daß wir reisen können und anderen Normen, anderen Rahmen des Lebens begegnen. Wir bereichern unser Bewußtsein damit und lernen, *global* zu denken. Im Austausch der Kulturen und Traditionen hat insbesondere auch ein Austauschen der geistigen Schätze begonnen. Und wir können sehen, daß der Bewußtseinsrahmen unterschiedlich weit gesteckt ist. So trieben die Länder im Osten im Vergleich zum Abendland schon wahre Bewußtseinsakrobatik! Sie leben im Osten, da, wo die Sonne aufgeht, da, wo sich das Licht als erstes auf der Erde offenbart. Dieses kulturspezifische Erbe hat sie bestimmt und auch ihre mentalen Äquivalente beeinflußt. Die Menschen im Osten waren mit ihren spirituellen „Körpern" schon immer mehr verbunden als etwa mit ihren mentalen, wie wir im Abendland. Es ist gut, daß wir heute Yogis erleben können, die im Feuer sitzen und nicht verbrennen. Es ist gut, daß wir Avatare unter uns haben, die Asche materialisieren oder Staub zu Gold verwandeln. Es ist gut, daß Männer und Frauen auf der Erde wandeln, die 500 Jahre schon auf ihr wandeln und keine Spuren des Alters zeigen. Es ist gute Medizin, daß es immer noch Wunder gibt! Diese Wunder werden bald keine mehr sein, sondern Selbstverständlichkeiten im kollektiv erwachten holistischen Bewußtsein aller Menschen.

Erst in den letzten acht bis zehn Jahren hat unser kollektiver Kopf wieder zugelassen, daß die Schamanen ihre Verstecke verlassen und ihre Medizin öffentlich machen können. Die Schamanen — ihr Name bedeutet soviel wie „mit dem Feuer tanzen" — sind die notwendigen „Herauslocker" unserer eingeschlafenen Macht, unseres Hologramms. Der Schamane zeigt uns die perfekte Handhabung von Energie. Er besitzt die Fähigkeit, sein Bewußtsein mit allem, was im Universum Bewußtsein besitzt, zu vereinen. Die Schamanen, die ich kenne, sind alle ekstatische Menschen, voller Lebensfreude, voller Wissensdrang und ohne Grenze, die sie zu Alter und zu Nutzlosigkeit zwingt. Es ist ein heiliges Zeichen, daß die Schamanen wieder sichtbar geworden sind; allein, weil die ersten Menschen wieder begonnen haben, von ihnen zu träumen. Don Juan zeigt seinem Freund Castaneda so detailliert, daß seine einzige Chance, den Sinn des Lebens zu begreifen oder göttlich zu werden, darin besteht, seinen Panzer zu sprengen; seine begrenzte, sozialisierte, genormte Wahrnehmung, die ihn wie eine Blase gefangenhält und von den übrigen Emanationen des Lebens abhält. Daß solche Bücher und Lehren wieder aufgetaucht sind, ist eine große Bereicherung, ein Kulturschock, der uns aus den eingefrorenen Energien der Gewohnheit wachrüttelt. Herausforderer wie die Radioaktivität. In meiner Praxis locke ich meine Klienten in ihr Königreich, indem ich sie mit „Meister" oder „Prinzessin" ... anspreche, oder ich empfehle ihnen eine Wanderschaft zum Platz ihres Königreichs: Die alten Zelte abbrechen und sich ins Neue wagen ist für unser Bewußtsein immer ein Aufbruch in seine Erweiterung, es liebt dieses Abenteuer, es liebt diese Annäherung, es spürt, es wird mehr erkannt. Der Schritt ins Unbekannte erregt alle Zellen, die ihre Augen öffnen, ihre Antennen in Bereitstellung halten und neu die Welt erleben. Die Aufmerksamkeit ist wacher als sonst. Diese Einstellung ist genau die, die wir für jeden neuen Tag brauchen, um den Morgen als Neubeginn, als neue Reise zum Unbekannten, zu begrüßen und die Medizin des All-Tags als Hineinwachsen in die Göttliche Größe unseres Bewußtseins zu erkennen und zu lieben. Ein Mensch, der so bewußt mit dem Leben tanzt, wird nicht alt, ja, er kennt das Wort „alt" nicht einmal, denn es ist kein Schatz seiner Worte; er weiß, es vermehrt nicht die Freude.

Jede Gemeinschaft von Menschen ist bereichert, wenn in ihrer Mitte Menschen leben, die schon lange auf der Erde tanzen, die in ihrer Kraft sind und als Weise-Wissende, als Toröffner zur göttlichen Quelle der Fülle dienen. Ich als unbegrenzt freies Wesen habe die Macht, die göttliche Macht zu repräsentieren. Das ist meine Macht. Ich kann jeden Tag als „einen-Lichtfunken-mehr" begreifen, so daß in mir ein Ozean des Lichts wächst und meine Gedanken hinaufreichen zum Unmöglichen, das ich möglich mache. Ich höre auf, mich im Planen auf ein nutzloses Alter zu erniedrigen, und beginne stattdessen, mich als raum- und zeitloses Wesen zu erhöhen. Ich ziehe mich zurück und lasse Gott erscheinen. Ich wachse wie ein Baum, der erst nach vielen Sonnen-Kreisen die Fülle seiner Lichterkrone zur Würde und Verherrlichung, dem Himmel näher, ins Dasein bringt. Der Baum kennt keine Angst = Enge, daß Erde und Sonne, Regen und Wind seinen Traum verlassen; er weiß sich verbunden mit seinen Verbündeten in der All-Einheit. All-eins steht er fest verwurzelt und schöpft Nahrung aus der Erde und dem Himmel. Vereine ich mich mit seiner Medizin, so schenkt er mir die Kraft des Gleichgewichts — alles ist gleich wichtig —, und ich bin nie mehr allein, dafür all-eins.

III. Heilung: Wege des Lichts zur Vollendung des Neuen Plans

Der Neue Tanz, den die Erde aus ihrem ursprünglichen Plan, aus ihrem Hologramm, vorbereitet, ist der Tanz des Lichts. Alles Leben auf ihr, bis hin in die kleinste Zelle, muß Kraft sein, die von diesem Licht durchtränkt ist; nur so ist die Kraft eine erleuchtete, eine lebensbejahende, am rechten Platz und im rechten Maß wirkend. Die Erde hat bereits die Öffnung nach oben wachgeträumt und wirbelt die Energie nach oben, ins Licht. Die Kraft, die bislang das Leben der Erde nach unten gezogen hat, ist verwandelt. Die hohe Strahlung des freigewordenen Urans löscht mehr und mehr die Kraft des Magnetismus. Dies können wir alle spüren. Dies ist auch die Botschaft der Krankheiten. Dies ist auch die Botschaft des Todes.

Bleiben wir vorerst bei den Krankheiten. Die Art der Krankheit hat eine neue Form. Sie weist stark auf den Energie-Haushalt des Körpers. Hier sind große Gleichgewichtstörungen, die früher nicht so gewichtig waren wie heute. Krebs, Aids, Immunschwäche, Allergien etc., sie alle haben die gleiche Botschaft: Energiemißbrauch. Wir leben in einer Zeit, wo sich alles völlig verwandelt. Es ist die große Herausforderung an uns, alles aufzugeben, was zum Alten gehört. Wir müssen das Alte abschließen, um das Neue empfangen zu können. Wer sich diesem Gesetz verweigert, wird so lange mit Kräften bombardiert, bis er sich der Großen Bewegung anschließt und mit-wandelt in der kollektiven Umformung. Das Neue kann sich auf unserem Planeten erst dann manifestieren, wenn der letzte Schlafende aufgewacht ist und seine Kraft umgewandelt hat zur Lichtkraft. Alle, die wir jetzt auf der Erde sind, sind gekommen, um Licht zu werden, um Meister der Energie im physischen Gewand zu sein. Das wissen inzwischen immer mehr Menschen, weil sie wieder mit ihrer Seele sprechen gelernt haben, mit ihrem Hologramm, mit dem Ganzen, das sie sind. Es ist jetzt die Zeit, wo alle Menschen ihr persönliches Karma erlösen. Diese Erlösung wird eine endgültige sein. Dies ist das Neue, das bereits begonnen hat: das Ende des ständig kreisenden Karma, das beliebte Spiel des Ausgleichs der Erfahrungen, die Sucht nach Polarität. Alle Lichtwesen im Universum sind daran interessiert, daß sich der Prozeß der Wandlung schnell vollzieht, denn auf der anderen Seite sind die Kräfte zusammengeballt, die nach atlantischer Manier das Licht verneinen und stärker denn je ihre Geschütze auf die Zerstörung des Lebens richten. Es ist von großer Wichtigkeit, daß wir uns nicht mehr mit diesen „Krankheiten" aufhalten lassen, die uns austricksen wollen und unsere Energien gefangen halten, weil wir uns damit auseinandersetzen. Der Boden, auf dem allein die neue Saat Früchte bringen kann, ist die umgewendete alte Erde. Mit jedem Spatenstich, der das verborgene Neue sichtbar werden läßt, befreie ich ein Bewußtsein aus seiner Getrenntheit und vereine es unter dem neuen Licht zum Ganzen. Es ist wichtig, daß wir die Kräfte, die uns heute noch als Hindernisse erscheinen, umarmen als „Revolutionäre", die uns aus dem alten Gefängnis des gebundenen Bewußtseins befreien. Der Leitsatz für den befreiten Menschen heißt: Kein neues Karma erschaffen! Ich muß mir all meiner Gedanken, meiner mentalen Äquivalente, meiner Gefühle, meiner Handlungen so bewußt sein, daß ich das ganze Maß ihrer Auswirkung erfasse oder überblicke. Oft reagieren wir auf Situationen, die uns wie aus heiterem Himmel zu treffen scheinen, so verwundert, weil wir ihre verursachende Tat nicht mehr kennen. Jede Situation, die uns trifft, ist eine Antwort auf eine vorhergegangene Aktion, die ich in die Welt gesetzt habe, deren Ausmaß mir aber oft nicht bewußt ist. Ich nenne die Medizin, die das Ganze im Auge hält: „den Adler fliegen lassen" oder „das Auge vom Gipfel eines Berges blicken lassen" und die gegebene Situation kreisen lassen, alle Bedingungen erfassen und sie zu einem Ganzen integrieren.

Die Neue Energie, die heute als Kraft der Wandlung das Alte umstülpt und die Apokalypse (Offenbarung) des Verborgenen beginnen läßt, löst im Bewußtsein des Menschen ein gemeinsames Erinnern aus. Und die Erinnerung erleben wir als Wissen. Wir begreifen, daß es nichts im Universum gibt, was nicht auch in uns existiert. Ich bezeichne die neue Energie als eine aufsteigende Energie, eine Öffnung zum Licht, eine Ausdehnung in ein größeres Bewußtsein, eine Annäherung an die göttliche Präsenz in mir. Die Initiation zum Lichtarbeiter erfährt jeder Mensch durch sein Ja zu den heiligen Insignien der Neuen Erde: die wiedergeöffnete Fontanelle zum All-Bewußtsein. Hier empfange ich meinen besten Freund, mein Höheres Selbst. Nur in Verbindung mit ihm erlöse ich mich aus der Welt des Ego und kehre heim in mein eigentliches Zuhause: in meine multidimensionale Welt meines Gottesselbstes.

Die heilenden Instrumente zur Manifestation des Göttlichen Erbes

1. Der holistische Lebensspiegel

> „Immer wieder und wieder
> steigst du hernieder
> in der Erde wechselnden Schoß,
> bis du gelernt, im Licht zu lesen,
> daß Leben und Sterben eines gewesen
> und alle Zeiten zeitenlos.
> Bis sich die mühsame Kette der Dinge
> zum immer ruhenden Ringe
> in dir selbst sich reiht —
> in deinem Willen ist Weltenwille,
> Stille ist in dir — Stille —
> und Ewigkeit."
>
> Manfred Kyber

In den letzten Jahren hat sich eine „Therapie" aus all dem mannigfaltigen Therapieangebot herauskristallisiert, die ich als die effektivste Heilweise betrachte: die *Reinkarnationstherapie* oder in meinen Worten: „der holistische Lebensspiegel". Die Heilung ist eine ganz andere als die, die wir von den klassischen psychologischen Heilmethoden her kennen.

Ziel des holistischen Lebensspiegels ist, den Weg in die multidimensionale Welt zu öffnen; das konkrete Problem in einem ganzheitlichen Ausmaß verstehen zu lernen, das aktuelle Leben als das der Erleuchtung zu erkennen und die Kraft freizulegen, die wir dazu brauchen, jetzt, in der Großen Wende, die Gottgeburt in uns zu vollziehen. Diese Heilmethode ist sofort wirksam, sie verändert grundlegend und kennt keinen Rückfall. Sie erlöst uns aus allen Mißverständnissen, sie löscht das

Muster der Getrenntheit und der Polarität.

Der Ort, auf den sich diese Heilung konzentriert, ist der Solarplexus, unser drittes Energiezentrum. Der Bereich des gesamten Oberbauchs gehört dazu, aber auch Leber, Galle, Bauchspeicheldrüse und Milz. Wie wir sehen, sehr empfindliche Organe, die durch emotionale Impulse ganz leicht aus dem Gleichgewicht fallen. Der Solarplexus verkörpert unseren Emotionalkörper, die Welt der astralen Energie. Wie schon der Name verlauten läßt, ist er eigentlich der Sitz der Sonne, des Solaren, des Lichts. Aber durch das von uns gewählte Spiel des Karma oder der Polarität wurde der Solarplexus mehr und mehr zum Sitz des Ego; sein Licht erlosch und seine natürliche Abwehrfunktion ebenfalls. Denn als ursprünglich gedachtes Zuhause des Lichts ist seine Strahlung so hoch, daß keine Energie ihn verletzen kann. Dadurch, daß wir unsere Persönlichkeit immer mehr zum Ego verdichtet haben, immer materieller geworden sind, wurde die Schwingung im Solarplexus sehr niedrig: wir verloren die natürliche Abwehrfunktion und fingen an, alle niederen Frequenzen unserer Umwelt in uns einzusaugen. So wuchs in uns die Angst, die Getrenntheit, die Isolation, das vernebelte Bewußtsein. Ziel des holistischen Lebensspiegels ist, die Sonne in diesem Energiezentrum wieder zum Strahlen zu bringen und von dorther Licht auszustrahlen. Wenn die niederen Schwingungen des Ego mehr und mehr erlöst werden, kann Stück für Stück das Höhere Selbst an diesem Ort einziehen. Es ist absolute Vorbedingung, den „astralen Schligger" aus dem Solarplexus auszuwaschen. Nur so kann Licht einkehren, nur so fühlt sich das Höhere Selbst eingeladen. Nur so schafft es eine Tür zum Zentrum des Herzens und verbindet die unteren Zentren der Kraft mit den oberen. Es ist der Weg, der die Erde und den Himmel eint.

Wir sind eine Vier-Körper-Einheit: Wir sind am meisten vertraut mit dem physischen Körper, der sichtbaren Form des Menschen, wachgeträumt durch die anerzogene Norm unserer fünf Sinne. Als nächsten Körper erkennen wir noch den mentalen Körper an, der sich aus der Energie unseres Denkens aufbaut. Weniger vertraut ist uns unser spiritueller Körper, der feine Stoff unseres Geistes, unser Lichtkörper, sowie der emotionale oder Astralkörper, dem wir hier unsere Aufmerksamkeit schenken.

Die Große Reinigung, von der ich immer wieder gesprochen habe, vollzieht sich genau hier: im Menschen, in seinem Emotionalkörper, im astralen Gehäuse des Ego, des Dreidimensionalen. Wir müssen uns vergegenwärtigen, was im Solarplexus seit Jahrtausenden vor sich geht: Hier sind in den Zellen alle Erinnerungen aus unseren verschiedensten Leben gespeichert. Dabei ist folgendes zu beachten: Die negativen Erfahrungen sind so dominant und lassen uns in einer so niederen Schwingung und in einem so dunklen Raum, daß die positiven Erfahrungen nicht zum Wirken kommen. Vielmehr zieht die niedere Frequenz nur weiter niedere Frequenzen an, und wir erfahren in unserer Wirklichkeit fortgesetzt die alten Muster. Unsere Seelen haben kollektiv beschlossen, das Alte aus dem Astralkörper auszulöschen und ihn ganz zum Lichtkörper zu erheben. Das zeigt auch die Praxis. Die Arbeit geht so mühelos und erzeugt das, was wir früher mit „Wunderheilung" bezeichnet hätten. Wir sehen, wie wir mit Hilfe dieses Heilinstrumentes alles klären können: unsere Beziehungen, aktuelle und chronische Krankheiten, unsere Widerstände, Ängste, Leiden, alle Arten des Unfriedens in uns. Vor allem das Thema „Opfer und Täter" und das Thema „Schuld und Ungerechtigkeit" sind die hartnäckigen Flecken, die eines besonders kräftigen Reinigungsmittels bedürfen. Je mehr wir unser Hologramm entdecken, umso deutlicher wird uns, daß wir mit unserer Seele alles selbst gewählt und inszeniert haben. Das Drama des armen Opfers ist sofort weggeblasen, wenn ich um die Erinnerung an das Leben bitte, wo die Ursache zu dieser Opfereinstellung zu finden ist: und man wird erkennen, daß der aktuelle Unterdrücker vorher selbst den Platz des Opfers einnahm und mir in diesem Leben nur die Erfahrung schenkt, was es heißt, Opfer zu sein. Die Praxis zeigt, daß es so mit allen polaren Mustern verläuft: Einmal bin ich der Reiche, einmal der Arme, einmal bin ich Frau, einmal bin ich Mann, einmal bin ich da, um zu lieben, einmal, um zu hassen... und einmal bin ich der Mörder und ein andermal der Ermordete. Und wir stellen fest: Es ist immer eine *Gruppe* von Seelen, die sich Hunderte Male für die verschiedensten Erfahrungen zusammenfindet. Diese Gruppe ist genau die Gruppe von Menschen, die heute unsere Familie und die engsten Freunde ausmachen. Wir können die innere Essenz dieser karmischen Bänder nur erfassen und auflösen, wenn wir ihr nicht mehr mit Bewertung und beurteilender Einstellung begegnen. Die Energie der Radioaktivität läßt die Zellen der Materie zerfallen. Sie berührt auch die Zellen des Solarplexus und knackt hier Zelle um Zelle. Das Ego ist schockiert. Es ahnt seinen Tod und weigert sich, so gut es kann. Dies zeigt sich in der Therapie immer dann, wenn ein negatives Muster, aus der Erinnerung der Zelle ins Licht geschickt, also erlöst wird. Dies ist in der Therapie der kritische Moment, das Ja zur Heilung. Man kann die astrale Energie sehen, die sich da löst und wie ein kleiner Rauch die Person verläßt. Jeder, der den Ausputz des Solarplexus in Angriff nimmt, kann sofort spüren, daß über die astrale Befreiung eine Veränderung im Solarplexus stattfindet. Er wird leichter, lichter.

Die Führung während einer Wanderung in ein anderes Leben behält das Höhere Selbst. Es ist die einzige Instanz in uns, die uns zur Erleuchtung führt, die an der

Heilung interessiert und viel mächtiger als unser Ego ist. Der „Reisende", also der Mensch, der sich zur Entdeckung seiner Ganzheit aufmacht, bereitet sich mit Hilfe der Lichtatmung vor, bis er eins ist im Strom des Lichts. Dies ist dann der Moment, wo das Höhere Selbst Gestalt annehmen kann, wo sich unser Bewußtsein mit dem seinen eint. Und dann bittet man das Höhere Selbst, daß es das Leben offenbart, wo das Problem x seine Wurzel hat und auch seine Lösung findet. Der Reisende beschreibt dann, was er sieht oder hört oder empfindet: manchmal sieht man vor dem inneren Auge einen ganzen Film abrollen, der bis ins Detail die Geschichte spiegelt, die wieder in die Erinnerung einziehen soll; manchmal ist es, als höre man einer Stimme zu, die erzählt, was da und da vorgefallen ist... etc. Die Offenbarungen nehmen sich verschiedene Hilfsmittel zur Hand. Das Besondere liegt immer darin, daß man es selbst *erfährt*. Es ist keine Welt der Gedanken, sondern ein tatsächliches emotionales Wiedererleben mit verschiedenen Qualitäten. Und dies bringt die Veränderung. Die Wiedererinnerung ist so mächtig, ist bei jedem ein „Aha"-Erlebnis, aus dem er die Wahrheit erkennt, die da zu ihm spricht. Ich vergleiche sie oft mit einem Traum, den man nicht gleich erfaßt, und wo einem plötzlich ein Zeichen oder eine Mitteilung gegeben wird, die intuitiv das Richtige offenbart. Im holistischen Lebensspiegel werden viele Einzelheiten zu einem Ganzen verknüpft. Auf einmal erkenne ich, warum mir die Lehren der Indianer so vertraut sind oder die der Sufis, ich erkenne die Wahl meines religiösen Musters oder die Wahl des Landes, wo es mich im aktuellen Leben am meisten hinzieht, ich erfasse die Geschichte mit meinen Beziehungen, Eltern, Kindern, Geliebten... ich erkenne mehr und mehr das Ziel, warum ich jetzt auf der Erde bin.

Ich habe in meiner Praxis entdeckt, daß die Medizin der Kristalle für die Wiedereröffnung des Hologramms eine große Hilfe ist. Es ist gut, sich bei der Auswahl des Kristalls bewußt zu werden, welcher Kristall zu einem will. So kann man genau den Kristall wiederfinden, der in einem anderen Leben schon mal bei einem war oder zumindest die Energie des betreffenden Ortes oder Landes repräsentiert. Kristalle sind das Gedächtnis der Erde. In ihnen ist eine immense Geschichte gespeichert. Ich kann meinen Kristall dazu benutzen, mir bei der Wiedererinnerung zu helfen, mich mit meinem Wissen zu verbinden, meine persönliche Geschichte so auszugleichen, daß sie mich in meine Gottgeburt leitet. In den letzten Jahren ist die Medizin der Kristalle wiederentdeckt worden. Als ich einmal von einer Kristallmesse nach Hause kam und darüber traurig war, wie viele Kristalle der Erde jetzt entrissen werden, antwortete mein Höheres Selbst: Beurteile nicht, sondern blicke ein, was da geschieht: die Erde gibt ihr Wissen, ihre Erinnerung preis. Über die Kristalle schenkt sie Kraft zur Klärung des Bewußtseins. Außerdem dienen die freigewordenen Kristalle als Empfänger des Neuen Lichts und fördern so die allgemeine Erleuchtung." Dies ergab einen Sinn für mich. In den *past-life*-Sitzungen, in den Reisen zu den im Hologramm gespeicherten Leben, benutze ich immer Kristalle als Helfer, die mich durch die Sitzung leiten. Sie helfen auch dem Reisenden bei der anschließenden Reinigung von den alten Mustern.

Für die ersten Reisen in unser Hologramm sollten wir immer eine Begleitperson haben, die dafür „gute Medzin ist. Wir müssen uns bewußt machen, daß beim Eintauchen in die Astralwelt große astrale Energieumwälzungen vonstattengehen, die gesteuert werden müssen. Das heißt, es ist wichtig, den „astralen Schligger" aus dem Solarplexus freizulegen und ihn dann auch wirklich aus dem Körper zu entfernen. Oft bleibt er nämlich an einer Stelle haften, die sich dem Lösungsprozeß noch verweigert. Man spürt zum Beispiel eine Beklemmung am Hals, was ein Zeichen dafür ist, daß das Wiedererkannte noch zu sehr bewertet wird und dadurch nicht losgelassen werden will. Es ist von großer Hilfe, wenn der Begleiter ein inneres Auge für die astralen Energien besitzt und hier sehr bewußt dem Lösungsprozeß beistehen kann. Manchmal führt einen das Höhere Selbst in sehr tiefe Schatten und konfrontiert einen mit Erlebnissen, denen man allein nicht immer gewachsen ist. Ein guter Begleiter geht auch wirklich mit auf die Reise und sieht und kann gezielt auf den Punkt zugehen, auf den es ankommt. Personen, die schon geübt sind, ihre Vielfalt, ihr Hologramm zu bereisen, können dies dann auch allein tun. Ich gehe dazu am liebsten zu einem Baum, an den ich mich anlehnen kann und über dessen Kraft ich meine astralen Schwingungen abziehen lasse. Die Bäume haben für uns nämlich die Medizin, negative Energien aufzunehmen und sie zu positiven zu verwandeln. Wir brauchen dabei kein schlechtes Gewisssen zu haben.

Für mich ist diese Therapie ein großes Geschenk, allein dadurch, daß es mir gestattet ist, an so vielen Hologrammen teilzunehmen und über diese Mitteilungen meine Welt, den Rahmen meines Bewußtseins, zu vergrößern. Es wird auch immer wieder gezeigt, daß wir nicht nur auf der Erde gelebt haben, sondern schon an vielen anderen Plätzen des Universums zu Hause waren, zum Beispiel in ganz anderen Sonnensystemen, und wir experimentieren unser Sein auch ohne das Gefährt des Körpers. Wir können erfahren, was es heißt, nur Bewußtsein zu sein. Wir erleben uns als androgynes Wesen, oder wir erhalten einen Einblick in die Zukunft, wenn unser Höheres Selbst entscheidet, uns das zu offenbaren, weil es für unser Heilwerden wichtig ist. Es ist wunderbar zu erleben, wie die Reiseberichte der unterschiedlichsten Menschen ein identisches Bild der damaligen Zeit, einer speziellen Kultur etc. wiedergeben. So wird auch immer mehr offensichtlich, was Atlantis war.

Fast alle Menschen, die sich zur Entdeckung ihres Hologramms aufmachen, erleben ein Leben in Atlantis. Ich
weiß, daß viele, die jetzt auf der Erde sind, alte Atlanter
sind. Wir haben kollektiv beschlossen, das Karma des
Machtmißbrauchs von Atlantis zu lösen, so daß alle Menschen wieder ihre Urkraft, ihre göttliche Kraft als Macht
einsetzen können. Dann wissen wir wieder, wie es möglich ist, zu manifestieren, zu materialisieren, das Wetter
zu machen, unsere Schätze auszuschütten, mit anderen
Wesen im All zu kommunizieren, trotz Erdbeben und
großen Fluten der Reinigung am Leben zu bleiben... Die
Arbeit am Solarplexus oder Emotionalkörper ist eine
Reinigungsarbeit. Sie ist unumgänglich. Wir müssen uns
jetzt entscheiden: für unser Ego oder für unser Höheres
Selbst; für die alte Welt des Dreidimensionalen oder für
die neue Welt des Multidimensionalen. So, wie ich den
Umbruch erlebe, signalisiert mir jede Zelle meines
Bewußtseins, daß es höchste Zeit ist, in die kosmische
Dimension meines Ichs einzutreten. Nur dort bin ich für
das Neue gewappnet. Nur dort empfange ich neue Organe, neue Werkzeuge, die mich für das Neue empfäng-
lich machen und über die ich das Neue auch verstehen
kann. Ich spüre immer deutlicher, daß ich die Antworten, die mir mein Höheres Selbst gibt, nicht mit den alten
Werten annehmen kann. Das Alte muß völlig abge-
schlossen sein, um das Neue zu empfangen. Dies ist die
Botschaft, die ich täglich höre. Don Juan nennt es „die
persönliche Geschichte auslöschen", denn dort sind die
Gummibänder des Astralen, die uns den Eigendünkel als
begrenzte Welt der Wirklichkeit hin und herziehen und
uns nicht „kosmisch" werden lassen. Wir erkennen über
die Entdeckung des Hologramms, wie aus unserem Eigendünkel nicht nur das Ego des aktuellen Lebens
spricht, sondern alle Egos unserer anderen Leben. Dies
ist eine ungeheuer mächtige Energie. Und diese Energie
soll jetzt sterben. Da wehrt sich natürlich alles in unse-

159

rem Eigendünkel und beginnt noch einmal, all seine Helfer zu mobilisieren, denn es will die Welt so festhalten, wie es gelernt hat, sie zu sehen. Wir müssen den „inneren Dialog anhalten" lernen, wie Don Juan es seinem Freund Castaneda erklärt. Nur, wenn einmal alles in uns still wird, stirbt die alte Welt, platzt die reduzierte Wahrnehmungsblase unseres Eigendünkels und gibt uns frei in eine andere Welt. Wir brauchen keine Drogen, um in diese Welt einsteigen zu können. Wir brauchen nur den inneren Raum der Ruhe, der Harmonie mit allem, was da ist, und wir sind in einem unendlichen Raum, der Großen Leere, die alles Leben enthält. Eigentlich stehen wir alle auf dem Gipfel eines Berges und bereiten uns vor, in den Abgrund zu springen. Wir stehen an der Schwelle, wo wir aus dem Zyklus des Sterbens und Geborenwerdens aussteigen und in den neuen Zyklus des Ewigen Lebens, des Lichts, eintreten. Don Juan zeigt auf wunderbare Weise, was eine so ungeheure Tat, wie in einen Abgrund = in den „Tod" zu springen, bedeutet: Es elektrisiert und schockiert dermaßen unsere Bewußtseinseinstellung, daß es im Moment des Sprungs eine neue Welt aufbaut, die nichts mit der alten gemein hat, so daß der Springende nicht zerschmettert auf dem Boden des Abgrunds ankommt, sondern in einer ganz anderen Welt, in einer ganz anderen Dimension seines Bewußtseins landet. Ich spüre, wie wichtig es für uns wird, große Taten zu vollbringen, etwas zu riskieren, was uns aus dem Gewohnten, aus unserer Müdigkeit und Verschlafenheit herausreißt und vorbereitet auf die Herausforderungen, die auf uns warten. Wir können als irdische Menschen nur überleben, wenn wir nicht mehr unter dem Kommando des Ego, des Eigendünkels, handeln. Wir müssen so handeln lernen, daß wir immer holistisch agieren, das Ganze im Auge haben. „Ihr müßt erreichen, daß jeder von eurem bloßen Anblick erwacht!" sagen die Engel. Ich muß dabei an die Geschichten von

Menschen denken, die Gott schauten und dabei zu Boden fielen, weil sie die Gewalt dieses Lichtes nicht ertragen konnten. Wir müssen jetzt alles in uns so vorbereiten, so geklärt und gereinigt halten, daß Gott in uns einziehen kann und unsere Augen die Seinen sind und unsere Taten die Seinen bekunden. Das Erwachen zu dieser Größe geschieht mit jedem Schritt, der mir eine Klärung des Alten, ein Loslassen meines übersättigten Zellenmaterials bringt. Entleere ich meinen Solarplexus durch die wiedererwachte Erinnerung immer mehr von dem Ballast des karmischen Astralschliggers, so entdecke ich auch wieder das Wissen, Fähigkeiten meiner Größe in mir und kann diese Kräfte dann auch heilend einsetzen, da keine Angst, kein Muster der alten Macht mir im Wege steht. Wenn ich einen Menschen auf seiner Reise zum Hologramm begleite, schlage ich immer eine Reise vor, die ihm ein Leben offenbart, wo er in seiner Göttlichen Macht war, wo er Wissen hatte, wo er Licht verbreitete. Nach so einer Entdeckung geschieht im Menschen eine große Lichtdurchflutung, eine „kleine Erleuchtung", die ihn sehr verwandelt wieder auf die Erde zurückführt. Aus dieser Offenbarung der Erinnerung kann jeder immense Kraft und Vertrauen schöpfen für das, was er jetzt zu vollbringen hat. Wir müssen uns bewußt sein, daß jetzt die Zeit angebrochen ist, da niemand mehr für die Göttlichkeit seines Wesens bestraft oder gekreuzigt wird. „Wahrlich, ich bin eins mit Gott", das ist das Neue Bekenntnis der Menschen, das jetzt von allen als wahr erkannt werden kann. Es ist die einzige Macht, die uns von der Aussonderung des göttlichen Heims retten und erlösen kann. Wir schauen so gern nach Wundern aus, die außerhalb sind, und erkennen nicht das Wunder in uns, das durch uns sichtbar werden kann. Wenn wir die lineare Spur des rationalen Verstandes verlassen und uns wieder in die Große Bewegung des kosmischen Bewußtseins einreihen, mit der Bewegung der Spirale tanzen, öffnet sich uns ein Ozean an Wundern, die wir vollbracht haben. Die Bindung an das lineare Auge zur Welt muß sich lösen, dann sehe ich rund, das All. Es ist gut, nicht mit unserer Unvollkommenheit zu hadern, sondern sie als Kraft zu entdecken, die uns antreibt, in unsere Vollkommenheit zu gehen. Linear können wir den Kreis, das All nie erfassen. Das heile Kind in uns lebt im Spiel des Kreises und sagt uns gerne die Regeln dieses Spiels. Wenn wir uns gestatten, die Taten unserer vielen Leben ohne Bewertung anzusehen, gelingt uns das Reisen in die Welt der Erinnerung, in die Welt des Wissens, viel leichter. Sobald ich aufhöre, mich als schlechten Menschen zu definieren, löst sich die Sperre, und ich kann Erinnerung als Medizin für mein Jetzt einsetzen. Oft höre ich, daß Menschen diese Therapie als Ablenkungsmanöver vom aktuellen Leben betrachten. Dem ist nicht so. Das Höhere Selbst, das die Führung während der Reise übernimmt, will, daß wir in unsere Ganzheit, in unser Hologramm, eintreten. Es weiß allein am besten, was wir für das aktuelle Leben wissen müssen, um zügig in die Größe unseres Wesens hineinzuwachsen. Es hilft uns, bestimmte Verflechtungen und Umwege, die ja auch Energie verschwenden, zu lösen. Es will Klarheit, und die erhalten wir, wenn wir geöffnete Wesen sind, die direkten Zugang zur Quelle des Lebens haben. Jedes Muster, das ich kläre und aus der astralen Welt meines Körpers auslösche, verändert sofort die molekulare Struktur meiner Zellen. Diese Reinigung klärt schließlich auch den Gencode im Menschen und verhilft den Neugeborenen zu einem viel direkteren Weg, den Kontakt zur Göttlichen Quelle beizubehalten. Physisch wird sich das an der geöffneten Fontanelle zeigen. Heute sind die Gurus der Fischezeit fast alle vom Planeten verschwunden. Dies ist ein heiliges Zeichen. Wofür? Sie bereiten den Weg vor zum inneren Meister. In uns selbst ist der Weg, ist die Lehre, ist die Religion, ist

Gott. Solange die äußeren Meister noch mit uns wandern, erliegen wir der Verführung, uns zu sehr mit ihrer Persönlichkeit zu beschäftigen, mit ihren Lehren und Methoden anstatt mit uns selbst. Dies hat uns die Geschichte gezeigt. Der innere Meister ist unser Höheres Selbst. Diese Meisterschaft wird durch die Heilung unseres Emotionalkörpers gefördert. Unser Solarplexus muß leer werden, muß Licht werden, um den Meister einlassen zu können, der uns dann über die Schwelle führt und in unser Heiligtum, in die Tiefe des Herzens, Einlaß gewährt. Erst dort findet die Hochzeit statt mit unserem Göttlichen Wesen.

Wer die Erde *sehen* kann mit dem erwachten Auge des Ganzen Sehens, der sieht, wie eine klebrige, zähe Energie um die Erde und auf der Erde liegt. Diese Masse ist sehr dicht und gibt eine so niedere, schwere Schwingung ab, daß die Erde fast daran erstickt. Diese Masse besteht nur aus astralen Energieklumpen, die sich durch das kollektive Leiden der Menschen gebildet haben. Sehende beschreiben diese Energiekruste als aus lauter verwundeten Menschenleibern zusammengesetzt oder als wüste Gebilde, die aus Energien wie Wut, Ungerechtigkeit, Haß, Leid, Einsamkeit, Ohnmacht, Verrat, Mord ... aufgebaut sind. Die Erde braucht die totale Reinigung dieser Astralwelt, die sie immer mehr bedroht und aus dem Gesamtzusammenhang des Universums aussondert. Hier sehen wir, was wir in unserer Rationalität zu tun fähig waren: nicht nur, daß wir uns durch unser Autonomiestreben als falschverstandene Herren der Schöpfung zu einem Krebsgeschwür des kosmischen Organismus entwickelt haben, sondern auch, daß wir für die Erde zu einer Bedrohung geworden sind, die sie in die Isolation, in das Leid der Getrenntheit treibt. Aber wir haben nicht mit der Tatsache gerechnet, daß außer uns noch andere Wesen, andere Intelligenzien auf dem Plan sind, die jetzt zur Tat schreiten. Und wir haben vergessen, daß die Erde selbst ein Bewußtsein hat, welches holistisch wirkt. Die Erde hat schon lange von dieser Zeit geträumt, die ihr jetzt die Energie freigibt, um die Kräfte des dunklen Bewußtseins von sich abzuschütteln. Die Energie hat sich dermaßen gebündelt, daß sie sich eine Öffnung, ein Ventil schaffen konnte, um gezielt den alten Astraldunst endgültig aus ihrem Traum auszulöschen. Jeden von uns, der nicht bereit ist, seine astrale Mitbelastung zu klären, ergreift die Erde und schickt ihn über den Sog ihres geöffneten Energiewirbels aus ihrem Traum hinaus ins Universum, damit er den Ort findet, der für ihn richtig ist. Das alte Wort für diese Tat heißt Tod. Wir dürfen diesem Geschehen nicht mit Bewertungen begegnen, die nur weiter den astralen Panzer verdichten. „Die Geburt des Neuen Menschen ist das Sterben des Todes" nennen die Engel den aktuellen Moment der Erdentwicklung. Wir sind jetzt alle ganz dicht an den Hauch des Todes getreten. Die Befreiung finden wir nur, wenn wir die Angst und die alte Einstellung zum Tod transzendieren und seine wahre Medizin erkennen. Wir sind im Moment mit einer Energie konfrontiert, die uns an die Schwelle führt, wo wir den Tod besiegen können. Dies ist genau das, was uns Jesus als Visionär seiner Zeit offenbart hat. Nur das absolute Loslassen von der begrenzten Welterfahrung des Ego, der Abflug aus der dreidimensionalen Station der menschlichen Bewußtseinsspirale läßt uns die Welt der Ewigkeit, das Ganze, das Hologramm unseres Seins bewußt werden und gibt uns die Landebahn in den Hafen der Multidimensionalität frei. Der Flugschein zu dieser Reise ist jetzt jedem gegeben. Die Erde liebt jedes ihrer Kinder gleich, unabhängig davon, wie sehr die Kinder sie lieben: sie kennt nicht unseren Weg der Strafe. Sie rüttelt gerade an jedem persönlichen Traum und läßt uns die freie Entscheidung für unser Reiseziel.

„Wenn du weiter mit mir träumen willst, brauche ich

dich als Mitträumer, als Mitwebenden an meinem Stoff des Neuen Traumes. Ich liebe dich als mein Kind, als meinen Gast, und ich führe dich in eine ganz neue Erde, die licht ist, die keine dunkle Tiefe, kein Verborgenes mehr hat. Dort wird die Sonne nicht mehr am Himmel ihre Kreise ziehen, denn Himmel und Erde sind nicht mehr getrennt. Der Traum des Himmels steigt auf mich herab und überflutet meine Haut. Die himmlische Liebe erfaßt mein ganzes Wesen und offenbart meine geheimsten Plätze. Auch ihr werdet von dieser Liebe erfaßt, auch ihr verwandelt eure Erde, euer verdichtetes Gewand zu purem Licht. Es gibt keine Trennung mehr, wenn alles auf mir Licht geworden, wenn alles als ein Herz pulsiert im Großen Atem des Universums. Wacht auf und findet das Tor, über das ihr meinen Traum betretet, ich erwarte euch auf der anderen Seite und heiße euch willkommen. Ergreift die neuen Fäden des Lichts und webt mit und erfüllt mit mir das große Sehnen hin zur Quelle, wo wir die Befreiung des Geistes atmen. Trennt die alten Fäden aus meinem Traum, hört auf, das schwarze Hemd des Todes zu weben. Seht, ich gebe euch die Farben, die aus der Himmelsbrücke zu uns fließen, und werfe euch bunte Bänder zu, welche die Kraft an unseren großen Zentren erwecken, die uns zum All erheben. Spürt die Energie, die da öffnet, spürt den großen Fluß nach oben, gebt euch hin und werdet eins mit ihm. Erwacht aus dem Sinnlosen und öffnet euch dem neuen Sinn. Lächelt mir wieder zu, und mein Lachen wird euch beherzigen zu großen Taten, die ewig Früchte tragen. Die Bewegung in uns allen ist groß, das Erzittern der alten Mauern ist mächtig, doch die Erneuerung ist ewige Verklärung, das vereinte Lachen der Erde und des Himmels. So sei es!" Diese Botschaft kam im Augenblick aus dem Bewußtsein der Erde zu meinem.

Ich kann so in die Zukunft hineinsehen, daß ich weiß, wie sehr wir in den kommenden Jahren mit dem Thema

„Tod" tanzen werden. Aus meiner Begleitung der vielen Reisen zum Hologramm meiner Klienten und zu meinem eigenen ist mir die Begegnung mit dem Tod zu einem großen Geschenk geworden. Es ist so wichtig, zu *erleben*, wie oft wir schon gestorben sind und wie unterschiedlich der Prozeß des Sterbens erlebt wird. Das Ereignis des Sterbens ist ein mächtiges Loslassen. Erlebe ich das Loslassen als wirkliche Befreiung aus einer Enge (= Angst), so gelingt mir nach dem Überschreiten der Todesschwelle der Eintritt in ein wunderbares Reich des Lichts. Ich bin endlos glücklich, und ich erlebe, daß ich noch da bin, daß ich als Sein existiere. Je öfter wir das Erlebnis des Todes haben, umso bewußter wird uns die Tatsache unseres Ewigen Seins. Wir haben innerhalb unseres holistischen Lebensspiegels viele Tode erlebt, manche völlig unbewußt, manche ganz bewußt. Wenn wir zum Beispiel unvorhergesehen sterben, durch einen Unfall oder durch einen Mord, dann erfassen wir im Bewußtsein gar nicht, was eigentlich geschehen ist, und diese Energie hält uns über die Emotion, über die astralen Bänder, an der Erde fest. Wir können dann nicht die Lichtbrücke wahrnehmen, die uns zum Reich des Lichts führt, wo wir Frieden finden. Diese unerfüllten Todeserlebnisse sind in unserem Emotionalkörper ständig als Energien tätig, die uns den Weg zur Erleuchtung versperren. Ich frage bei jeder Reise ins Hologramm nach einem solchen Todeserlebnis, um die Angst und die Wunde aus dem Gedächtnis der Zellen zu befreien. Jeder einzelne, der hier löst und befreit, heilt die kollektive Angst des Todes und bringt die Tatsache der Unsterblichkeit ins Bewußtsein der Menschen. Es ist gut, sich darüber klarzuwerden, wie sehr meine persönliche Heilung zur kollektiven Heilung beiträgt. Der Tod als Übergang in eine andere Seinsform braucht nicht bedauert zu werden. Daß der Tod eines Freundes zum Beispiel als Verlust erlebt wird, geht auf die Welt des Ego zurück.

Dort liegt die zentrale Bedeutung dieses Ereignisses in dem, was der Tod des Freundes *für mich* heißt und nicht, welchen Stellenwert er für den Gestorbenen selbst hat. Nur durch die Einsicht in *seine* ganze Seele, in sein holistisches Konzept, kann ich das Ereignis seines Todes erfassen. Es ist immer die eigene Wahl unserer Seele, die sich die Art und den Zeitpunkt des Todes aussucht. Wir können die Medizin des Todes nur aus der Ganzheit der Seele klären. So wie ich früher empfohlen habe, einmal an einer Geburt teilzunehmen, so rate ich auch allen, bewußt dem Ereignis des Sterbens beizuwohnen. Dann, wenn der Sterbende dem Tod keinen Widerstand mehr entgegenbringt, beginnt die Geburt in ein neues Reich des Lebens sichtbar zu werden. Sein Körper wird überflutet von einem Licht, das ihn verklärt. Wir wissen auch von Menschen, die schon die Schwelle des Todes überschritten hatten und doch wieder zurückkehren mußten, wie hart es für sie war, aus der Weite des Lichts wieder in die Begrenzung der alten Welt hinabzusteigen.

Wir haben durch die neuen Krankheiten neue Weisen zu sterben bekommen. Meistens stirbt man an Krebs oder Aids sehr langsam, das heißt, es wird einem die Möglichkeit geschenkt, das Sterben bewußt zu vollziehen, mit einer klaren Entscheidung, die einen nicht wieder durch das Echo des Karma in die Materie zurückruft.

Ich denke, wir werden den Tod als eine mögliche Erfahrung, die uns das Dasein auf der Erde bietet, so lange wiederholen, bis wir ihn begriffen und erkannt haben, bis wir ihn lieben und ihn damit auslöschen. Bis wir erleben, daß auf der anderen Seite die Freiheit und die Ekstase warten, in die wir eingehen können, wenn wir aus der Verhaftung des Ego der Erde befreit sind und Lebewohl sagen können, danke für all die vielen Erfahrungen und Rollen. Es ist jetzt für den Menschen die endgültig letzte Häutung aus dem Raupendasein, und die Geburtswehen haben begonnen, seine Transparenz zum

Licht zu gebären: den befreiten Schmetterling.

Wir sind jetzt an der Schwelle des Todes, im Durchgangstunnel zu einem völlig neuen Leben. Im alten Gewand der leeren Raupenhaut stirbt das Ego, und im strahlenden Wesen des Schmetterlings kommt der erleuchtete Mensch ans Licht. Wir haben zum erstenmal die Chance, diese Metamorphose auf der Erde zu vollziehen, ohne daß wir uns physisch die alte Haut abstreifen müssen. Denn der Himmel nähert sich der Erde, das Licht schwillt an und bahnt sich seinen Weg zur Einheit.

Ist die Reinigung des Solarplexus vollzogen, so sind wir ganze, heile Wesen. Wir erfahren die Heilung des Lichts und verstehen es, Licht als Kraft der Kreativität zu benutzen, um unsere Welt neu aufzubauen. Und weil das Baumaterial aus der Quelle des Lichts kommt, werden auch die neuen Bauten Licht verkörpern und vom Einklang künden statt vom Polaren.

Wenden wir uns der Praxis zu. Was ist zu tun?

Wer sich nicht sofort entscheiden will, eine Reihe von Reisen zu seinem Hologramm zu unternehmen, der kann folgende Vorübungen machen:

⊕ Gleich am Morgen, bevor man aus dem Bett steigt, kann der Solarplexus massiert bzw. palpiert werden. Ich nehme dazu meine Finger, die sich senkrecht in die Tiefe meines Oberbauchs drücken. Am Anfang wird der gesamte Solarplexus sehr empfindlich reagieren. Alles, was da weh tut, sind astrale Verklebungen, eingefrorene Erfahrungen aus vielen anderen Leben. Das Palpieren gibt dem Emotionalkörper schon ein erstes Alarmzeichen: hoppla, jetzt bin ich dran. Wir wecken damit diese eingeschlafenen Energien auf. Zuerst tastet man den ganzen Raum von etwas unterhalb des Nabels bis hin zum Zwerchfell gründlich ab. Dies macht man ca. eine Woche lang, jeden Morgen; wobei anschließend an das Palpieren Licht in den Solarplexus geschickt wird. Wir holen uns dazu wieder weißes Licht aus der universellen Lichtquelle über unser Kronenchakra herein und lassen es durch unseren Kopf, durch unseren Hals, durch unser Herz zum Solarplexus fließen. Die rechte Hand liegt dabei auf dem Oberbauch. Wenn wir fühlen, daß der Lichtstrom den ganzen Raum des Solarplexus ausgefüllt hat, atmen wir das Licht von dort wieder zurück in die Quelle des Lichts. Die rechte Hand ist wieder der Fühler und zieht die Lichtbänder förmlich aus dem Solarplexus heraus. — In der zweiten Woche palpieren wir lokalisiert, das heißt, stoßen wir auf eine schmerzende Stelle, so bleiben wir dort und palpieren intensiv. Unsere Aufmerksamkeit wendet sich ganz dieser Stelle zu. Was nehmen wir durch den konstanten Druck wahr? Wir lassen unsere Hand dann den Druck verringern und beginnen wieder, das weiße Licht einzuatmen, und senden seine Strahlung diesmal nur zu der betreffenden Stelle; von dort atmen wir es auch wieder aus. Dann rufen wir unser Höheres Selbst und bitten es, daß es sich manifestiert. Wir versiegeln uns wieder mit seiner Energie (s. S. 56ff) und fragen es, welches Muster die betreffende schmerzende Stelle verkörpert. Heißt die Antwort zum Beispiel „Lüge", so akzeptiere ich es, ohne auszuweichen, auch wenn es meinem Ego nicht gefällt. Ich bitte mein Höheres Selbst um eine Farbe, die mir hilft, das Muster „Lüge" zu verwandeln. Die Farbe, die sofort erscheint, ist die richtige. Ich erspüre, wo ich die Frequenz der betreffenden Farbe empfange, atme sie dort in meinen Körper ein und lasse sie gezielt auf die schmerzende Stelle zufließen. Ich stelle mir dabei vor, wie die heilende Schwingung der Farbe die Energie „Lüge" wegschmilzt. Ich mache dies für einige Minuten, bis ich mit meinem Fingerdruck nachspüre, wie sich der Schmerz verändert hat. Wahrscheinlich wird sich das Muster nicht gleich beim erstenmal auslöschen lassen, aber zumindest eine Erleichterung wird sich einstellen. Zusätzlich kann ich tagsüber meine Kleidung in der gleichen Farbe wählen, die mir mein Höheres Selbst zur Heilung gegeben hat, und dadurch den Effekt der Reinigung erhöhen.

Eine weitere Hilfe besteht darin, die Heilkraft der Farben durch die Medizin von *Seide* zu verstärken. Ich kann mir eine kleine Kollektion Seidentücher anschaffen, so daß alle Farben des Regenbogens vertreten sind. Seide erhöht die Frequenz jeder Farbe. Wir wissen, daß jede einzelne Farbe eine Schwingung, eine Vibration abstrahlt, die für unseren Körper heilsam ist. Die Seidenraupen spinnen ihren Faden nur, wenn die Sonne scheint. Das heißt also, daß der Seidenfaden zusätzlich die Kraft der Sonne, die Energie des Lichts enthält. Wir können nun, wenn wir die Lösungsarbeit am Solarplexus vollziehen und uns vom Höheren Selbst eine Farbe empfohlen wird, den entsprechend gefärbten Seidenschal auf die schmerzende Stelle legen (am besten sind naturgefärbte Seiden!). Und dann spüren wir einfach, was über die Schwingung der Farbe geschieht, die wir zum einen über die Atmung und zum anderen über die Seide erzeugen.

Nach jeder Öffnung am Solarplexus ist es gut, sich mit Essigwasser (reinem organischen Apfelessig) abzuspritzen oder ein Bad mit Essig zu nehmen. Essig hilft die astralen Schlacken aus der Aura lösen.

Die beste Vorarbeit zu allem, was uns die Neue Erde öffnen wird, besteht darin, die Verbindung zum Höheren Selbst herzustellen. Ich habe bereits unter dem Kapitel „Meditation" beschrieben, wie wir mit Hilfe der Lichtmeditation die Kraft des Höheren Selbst in uns manifestieren können. Am Anfang ist es hilfreich, das Höhere Selbst einfach zu rufen, es immer wieder einmal während des Tages anzusprechen, seinen Namen zu nennen. Seine Kraft wacht schnell wieder in uns auf. Denn es ist bestimmt im unendlichen Plan, daß wir den Weg einschlagen, der uns zum inneren Meister führt.

Ich nenne die Arbeit am holistischen Lebensspiegel nicht „Rückführung", sondern „Hinführung", es ist der Weg hin zur Quelle, hin zum inneren Heiler. Es wird verbunden und nicht nur zurückgeblickt in die Details der einzelnen Leben. Es wird alles zu einer großen Zusammenschau verbunden, eine Ergänzung zum Ganzen hergestellt. Das, was im aktuellen Leben als Hindernis, als Knoten erscheint, wird hingeführt zu seinem Ursprung, zu seinen Wurzeln. Nur dort kann Heilung heilen. Die Hinführung ist die direkteste Heilung, die ich bis heute kennengelernt habe. Ich wünsche jedem Menschen, daß er diese Erfahrung als Bereicherung und sofortige Wandlung seines Lebens haben kann. Ich wünsche den Schriftstellern, den Theater- und Filmemachern, daß sie die Medizin des Hologramms selbst erleben und diese Erfahrung in ihre Kunst einfließen lassen. Sie können so viele Menschen erreichen und schaffen eine ungeheuer große Öffnung, wenn Unterhaltung zu Medizin wird. Jedesmal, wenn in einem Roman oder einem Film ein Mensch in der Rolle des Mörders oder „Bösen" dargestellt wird, muß sofort ein Teil 2 gezeigt werden, wo sich die Rollen vertauschen, so daß schließlich alle alten Werte der Moral und der Polarität gut/ böse ausgelöscht werden. Dann erst können Filme und Geschichten wachsen, die sich dem Neuen Licht widmen, die erleuchtete Werke sind und den Geist des Göttlichen Menschen spiegeln. Auch da gilt es jetzt, unsere wahre Macht zu ergreifen und schlicht alle Kunstwerke, die noch den alten Geist der Polarität und der finsteren Schwingung von Krieg, Leid, Isolation ... weiter ins kollektive Bewußtsein einpflanzen, zu „boykottieren".

Wenn niemand sich ihnen widmet, sterben sie von alleine. Die neuen Werke der Menschen werden die Kunst der Freude, der Ekstase spiegeln. Freude ist die Richtung, in die wir uns bewegen. Wir steigen kollektiv aus der Rolle der Opfer aus, die sich im Überlebenskampf, einer gegen den anderen, verlieren. Wir re-agieren nicht mehr auf die oder das, dem wir unsere Macht abgegeben haben, sondern erwachen zu strahlenden Wesen, zu aktiven Schöpfern der Neuen Welt. Jeder, der sich jetzt öffnet und bereit ist, dem Alten Adieu zu sagen, den erfaßt der neue Strahl sofort und dreht ihn genau an die Stelle seines Hologramms, wo auf ihn der nächste Schritt wartet. Die Reinigung muß tatsächlich im Bereich der Zellen beginnen, im Speicher des multidimensionalen Lebensmaterials. Die Reinigung ist radikal, sie erreicht die Wurzeln. Sie reinigt den Schleier des Mentalkörpers, der unser Drittes Auge verschlossen hält. Mental können wir die neuen Strahlen nur handhaben, wenn wir uns in das Höhere Verstehen begeben. Das Höhere Verstehen öffnet sich uns durch den Kontakt mit unserem Höheren Selbst. Sobald unser Ego seinen Überlebenskampf aufgibt und stirbt, erleben wir das gleiche, was im Augenblick des Sterbens geschieht: wir ergeben uns, wir lassen jede Faser unseres Egos ausbluten, aller Widerstand erlischt, wir spüren die Blase der Isolation platzen und erleben unsere ekstatische Einweihung in die Welt des Lichts.

Wir erhalten durch die Hinführungen so viele Geschenke, die jetzt für uns nützlich sind: Wenn ich zum Beispiel im aktuellen Leben Heiler bin, kann ich nach einem Leben fragen, in dem ich schon einmal Heiler war. Dabei werden sich mir Heilmethoden öffnen, die ich heute für meinen Beruf gut gebrauchen kann und die mich auch unabhängig von anderen Lehrern machen.

Ich erlebe das Wunderwerk des Hologramms oft so, als stünde ich in der Mitte eines Kreises und hätte an meinem Körper Tausende von Antennen, die wie Arme zum Kreisumfang hinführen. Über diese Antennen kann ich dann beliebig Wissen empfangen, das über mein geöffnetes Hologramm zu mir strömt. Tauchen in den Reisen zum Hologramm Orte auf, an denen ich „dickes Karma" hinterlassen habe, dann ist es manchmal schon gut, den Ort aufzusuchen und dort mit Hilfe des Höheren Selbst eine Reinigung vorzunehmen. Auch Personen, denen man in einem anderen Leben große Verwundungen zugefügt hat, wodurch man heute noch sehr gebunden ist, kann man Licht schicken, damit sich die Astralbänder lösen und man sich ohne Ballast aus Vergangenem begegnen kann. Probleme zwischen Partnern oder Eltern und Kindern verwandeln sich sofort zu Licht, wenn einer der Beteiligten in seinem Lebensspiegel zur Wurzel reist, den Samen des aktuellen Problems entdeckt und ihn aus dem Land seiner emotionalen Zellen entfernt. Das Ego ist uns noch so lange gegeben, bis wir unser Karma eingelöst haben. Dann erst sind wir frei für die neuen Aufgaben, weil wir das Persönliche auf-geben und die Zellen zu Licht geworden sind, um das zu empfangen, was jenseits der Person immer ist, die Ewige Freude des lebendigen Gottes in uns, die wir sind und die wir verkörpern zu einem völlig neuen Werk der Schöpfung.

2. Das Kosmoton: das Megaphon zum Kosmos

„Schon lange aufgepflügt
ist der Acker des Himmels — die Sieben.
Dorthin sät den Samen,
und das Wunder wird keimen.
Bis jetzt wuchs der Weizen zum Himmel...
nun senkt sich himmlischer Weizen zur Erde.
Aber wo ist der Himmel?
Dort oben? Hier unten?
WAHRLICH — ER IST IN EUCH!"
Die Antwort der Engel

Diejenigen, die meine Praxis kennen, wissen, daß ich außer einigen Kristallen, einer Adlerfeder und ein paar Kräutern zum Räuchern keine großartigen Instrumente der Heilung besitze, wie sie in Heilpraxen sonst üblich sein mögen. Ich vertraue am liebsten auf die direkte Heilquelle, die durch mein Herz die göttliche Kraft weitergibt. Letztes Jahr ist mein Instrumentarium aber doch sehr bereichert worden durch die Erfindung von Dr. Palm, einem Arzt am Bodensee. Von ihm bekam ich das *Kosmoton*. Wie schon der Name verrät: Es tonisiert kosmisch. Wodurch? Das Kosmoton zeigt in seinem Aufbau die exakte Ordnung unseres Sonnensystems. Es besteht aus sieben verschiedenen Metallringen, die sich konzentrisch um den Mittelpunkt, welcher die Sonne repräsentiert, anordnen. Jeder Metallring steht für einen der sieben Hauptplaneten unseres Sonnensystems.

Hier der genaue Aufbau: In der Mitte eine kleine Kugel aus Gold für die Sonne; danach folgt ein kleines Glasröhrchen, in das Quecksilber gefüllt ist für den Planeten Merkur. Als drittes folgt ein Kupferring, der das Venusprinzip vertritt, dann kommt ein Ring aus Silber für die Erde mit dem Mond, als nächstes folgt ein Ring aus Eisen für Mars, dann ein Ring aus Zinn für Jupiter und zuletzt

174

ein Ring aus Blei für Saturn. Die Metalle sind in ein kleines Medaillon aus verflüssigtem Holz (Cellulose) eingelegt. Auf der Vorderseite ist ein kosmisches Urzeichen aus reinem Gold eingeprägt. Das Medaillon ist blau, die Farbe des Himmels. Wir wissen, daß diese Zuordnung der Metalle zu den Planeten am Körper selbst sofort über die Kraft der Schwingung wirkt. Unsere Chakren oder Energiezentren sind die ersten Empfänger. Dort wirkt das Prinzip der Planeten, wobei jeder Planet einem bestimmten Chakra zugeordnet ist. Die Art der Zuordnung variiert in den verschiedenen Kulturen dermaßen, daß ich es hier jedem selbst überlasse, die Zuordnung durch meditative Einsicht zu entdecken. Wichtig ist, daß die sieben Metalle die sieben Prinzipien der Planeten über die Chakren an unseren Körper weitergeben. Es geht dabei um bioelektrische Schwingungskreise, die sich harmonisch auf unser Ganzes auswirken. Das Kosmoton repräsentiert den Kosmos = das Gesetz, die Große Ordnung der universellen Gesetze. Ich bezeichne es als „Hausordnung" für den Erdenbewohner. Es ist die Kraft, die mein persönliches Chaos, mein Ungleichgewicht sichtbar = bewußt macht und Schritt für Schritt die kosmische Ordnung in mir, Frieden, Harmonie, Gesundheit, Ganzheit herstellt. Das Kosmoton ist ein holistisch wirkendes Heilmittel. Trägt man es bei sich, am besten über dem Herzchakra, so entdeckt man leichter sein Hologramm. Es ist wie eine Nabelschnur zum Kosmos. Es erweckt den „Himmel im Menschen", wie Paracelsus die Kraft der Planeten bezeichnete. Auch physische Krankheiten verbessern sich. Aus unserer gemeinsamen Praxis haben Dr. Palm und ich festgestellt, daß sich physische Krankheiten in einem Zeitraum von 8 Wochen legen, zu einem Stillstand kommen. Dies gilt u.a. bei Krebs. Die eigentliche Medizin des Kosmotons ist die einer verstärkten Bewußtwerdung. Seine pulsierende Kraft öffnet und schließt uns wieder an den kosmischen Puls an, an das Ewige Leben. So kann sich jeder der Botschaft der Krankheit schneller bewußtwerden, daher kann dann die Krankheit auch wieder verschwinden. Das Kosmoton hat mir persönlich viele Wege geöffnet. Es synthetisiert die Teile zum Ganzen. Es klärt die Widerstände, die Disharmonie. Es führt zur Einheit meiner beiden Gehirnhälften, es zeigt mir die Spur aus der Polarität heraus. Ich erkenne es als Instrument, das es schon zur Zeit Lemuriens gab. Und ich erkenne Dr. Palms Erfindung als große Erleichterung, die zum richtigen Zeitpunkt erschienen ist; denn das Kosmoton ist jetzt wichtig, in der Zeit des Großen Umbruchs, wo sich alles so schnell und radikal wandelt. Es unterstützt die Zellen bei ihrer Umformung, so daß sie sich schneller an die neue Energie der Hohen Strahlen angleichen können. Es hilft uns, nicht wieder unbewußt in die Rolle der Opfer zu steigen und Krebs und Aids zu erleiden. Es nährt unsere Chakren mit ihrer „Muttermilch", der Essenz der ihnen innewohnenden Planetenkräfte. Über die wachgetanzten Chakren erreichen wir den Himmel, den Himmel in uns, und bereiten das neue Land vor, wo der göttliche Same sich einsenkt. Das Kosmoton schenkt in der Wendezeit Stabilität und Einschau in den Göttlichen Plan, in das Kosmische Konzept. Wir sind uns dadurch bewußter, wo unser neuer Platz ist, wie unsere neuen Taten aussehen. Das Kosmoton unterstützt die generelle Umformung bis hin in die kleinste Zelle. Es verhindert über den Akt der Bewußtseinsschärfung erneutes Anhäufen von Chaos. Und es erleichtert den Kontakt mit dem Höheren Selbst.

Hier nun gezieltere Anwendungsmöglichkeiten:

1. Generell trägt man das Kosmoton direkt am Körper; am besten an einem verstellbaren Lederband oder Seidenfaden auf der Höhe des Herzchakras, auf der Mitte des Brustbeins. Befindet man sich gerade im Prozeß der Reinigung, so ist es gut, das Kosmoton

direkt über dem Solarplexus zu tragen. Es kann sein, daß die Wirkung des Kosmotons anfangs zu heftig ist, man fühlt sich „speedy". Dann legt man es einfach immer wieder einmal ab, vor allem nachts. Die Energie des Kosmotons erzeugt in unserem Energiehaushalt eine Aufladung mit kosmischer Energie. Wir werden innerhalb kürzester Zeit keinen Energieabfall mehr erleben, sondern auf einem gleichmäßig wachen Niveau bleiben. Das Kosmoton erzeugt um die Person einen Schutzkreis von einem Meter Radius; die Frequenz ist eine sehr hohe und läßt niedere Frequenzen einfach abprallen. Es schützt einen nicht nur vor elektromagnetischen Störfeldern, sondern auch vor emotionalen Angriffen. Der Mensch als ganzer bleibt mehr und mehr in seiner Balance. Das Kosmoton kann auf der Haut getragen werden, und es spielt keine Rolle, ob die Seite mit der Goldprägung nach innen oder nach außen zeigt. Bei manchen Menschen verschwindet mit der Zeit das Gold. Das sehe ich als ein Zeichen, daß der Organismus einfach Gold brauchte.

2. Das Kosmoton kann auf spezielle Orte am Körper aufgelegt werden, die schmerzen oder aus dem Gleichgewicht geraten sind, zum Beispiel bei akuten Kopfschmerzen, Bauchschmerzen, Regelschmerzen... oder bei chronischen Krankheiten wie Rheumatismus, Rückenschmerzen ... ebenso bei Wunden, Operationsnarben, Prellungen ...: Entweder legt man sich für eine halbe Stunde hin und legt das Kosmoton auf die betreffende Stelle, oder man klebt es mit einem Klebeband auf und läßt es für den ganzen Tag oder länger dort. Die Wirkung ist großartig. Der Stau eines akuten Schmerzes löst sich schnell auf, und man spürt, wie sich alles wieder zu einem einheitlichen Energiefluß bewegt. Bei chronischen Störungen muß man etwas geduldiger sein, meist verändert sich hier

das Kranke in einem Zeitraum von 4-8 Wochen.

Menschen, die in Städten leben und viel mit öffentlichen Verkehrsmitteln fahren, wo sich die Leute gegenseitig nicht nur auf die Füße treten, sondern ständig das eigene Aurafeld besetzen, was einen leicht aus der Balance bringt, können dies mit dem Kosmoton verhindern.

3. Das Kosmoton hat eine besonders schöne Energie für die Meditation. Dazu legt man es auf das Kronenchakra oder mit einem Stirnband über das Dritte Auge. Es läßt einen weniger abgelenkt sein und sofort in die Tiefe gehen. Auch für Gruppenarbeit ist es gute Medizin. Es eint und klärt. Arbeiten zum Beispiel mehrere Menschen an einem gemeinsamen neuen Projekt, so kann man mit seiner Hilfe erleben, was es heißt, „ein Herz und ein Geist zu werden".

4. Das Kosmoton verbindet die beiden Gehirnhälften. Es erweckt die Telepathie, es befördert das Unbewußte ins Bewußte, es öffnet neue Medizin im Nachttraum. Es läßt einen Zeit und Raum völlig neu wahrnehmen. Seit ich das Kosmoton trage, bin ich so direkt mit dem Jetzt konfrontiert, daß ich Zeit ganz anders als sonst empfinde.

Bei Paaren oder in Familien geschehen kleine Wunder, wenn alle ein Kosmoton tragen. Es macht die Beziehung bewußter, es zeigt, wo es stimmig oder unstimmig ist, und läßt einen schneller zu Veränderungen greifen, die Frieden manifestieren. Es fördert insbesondere die intuitiven Fäden der Menschen miteinander.

5. Das Kosmoton kann Störfelder im Haus oder am Arbeitsplatz ausschalten, die vor allem durch elektrische Geräte (das gesamte Elektrizitätsnetz, aber auch alle elektrischen Haushaltsmaschinen, Fernseher, Radio...) und elektromagnetische Felder der Erde, Wasseradern, Strahlersteine etc. erzeugt wer-

den. Das Kosmoton wird dann auf das spezielle Störfeld gelegt, besonders nachts am Schlafplatz, oder man trägt es und ist so vor den schädlichen Strahlen gefeit. Wer mit dem Pendel vertraut ist, kann das sofort überprüfen.

Menschen, die sich am Arbeitsplatz einen Computer als Mitarbeiter ausgesucht haben, müssen wissen, was sie sich da für einen gefährlichen Genossen eingeladen haben: Der Computer gibt Gammastrahlen ab und führt in einem hohen Maße zu Krebs. Wer das Kosmoton trägt, ist dagegen geschützt.

6. Auch bei Harmonisierung unseres Wassers und unserer Nahrung leistet das Kosmoton gute Dienste. Wir müssen uns bewußt sein, daß es heute fast kein „Lebensmittel" mehr gibt: Speisen, die das Leben stärken! Fast alle unsere Produkte sind belastet und bedürfen einer besonderen Reinigung, bevor sie uns bekömmlich werden können. Ich fülle das Trinkwasser in eine Glasflasche und lege ein Kosmoton darunter. Es soll mindestens 20 Minuten dort plaziert sein. Das Essen reinige und harmonisiere ich, indem ich mit dem Kosmoton achtförmige Bewegungen darüber mache. (Die Form der Acht ist die Bewegungslinie der Elektronen!) Da uns das Kosmoton hilft, sensibler zu werden, können wir den Unterschied spüren.

Wer mehrere Kosmotone hat, kann immer eines im Vorratsschrank liegen lassen oder in der Obstschale . . .

Auch Pflanzen und Bäume, die kränkeln, lieben das Kosmoton als Heilmittel. Die Erfolge werden schnell sichtbar.

7. Das Kosmoton unterstützt jede Form von Heilarbeit, insbesondere die Energietherapie am feinstofflichen Körper. Es verhindert, daß sich die Energien von Patient und Heiler im Persönlichen mischen, es verstärkt die Energien, die aus der heilenden Quelle der

höheren Strahlung kommen, es öffnet ein Setting zur Interaktion der Höheren Selbste, wo die Polarität Heiler/ Patient verschwindet. Es ist ein einzigartiges Gefühl, sich hinzulegen und auf den sieben Hauptchakren ein Kosmoton aufzulegen. Es führt einen „nach Hause".

Das Kosmoton unterstützt die Reisen zum Hologramm. Ich lege dem Reisenden und mir ein Kosmoton auf das Dritte Auge, und es gelingt uns, zusammen zu „sehen".

8. Das Kosmoton inspiriert und ermutigt. Es ist die Energie des Himmels, es öffnet mich für die Lichtquelle und läßt mich anteilnehmen an der Fülle des Großen Lebens. Es unterstützt mein Bewußtwerden des neuen Traumstoffs und hilft, meine „Kleinheit" in Größe zu transzendieren.

9. Das Kosmoton dient auch zum Aufladen von Kristallen. Ich lege einen Kristall, der leer ist, auf ein Kosmoton und lasse ihn für eine Weile so liegen, bis er mir mitteilt, daß er die Information aufgenommen hat.

Wichtig ist, daß das Kosmoton nicht mit Wasser in Berührung kommt. Es braucht nicht entodet zu werden, es wird stets vom kosmischen Pulsschlag erneuert.

Seit Dezember 1987 entwickelte Dr. Palm einen zweiten Typus, das Kosmoton B. Es berücksichtigt in seinem Aufbau die exakte Distanz der einzelnen Planeten. Die Wirkung hat sich dadurch verhundertfacht. Es ist ratsam, mit dem Kosmoton A, dem kleineren Modell, zu beginnen. Menschen, die viel mit Energiearbeit zu tun haben, können gleich das Kosmoton B benutzen. Kosmoton B ist auch für Gruppenarbeit gut oder für Konferenzen, öffentliche Vorträge etc., um das Energiechaos vieler Personen zu ordnen.

Jeder, der am Kosmoton interessiert ist, kann sich an mich oder an Dr. Palm wenden (s.S. 191).

Ich ermutige Dr. Palm gerade zum Kosmoton C, das

viel größer ist als die anderen und die Kraft besitzt, öffentliche Gebäude wie Schulen, Krankenhäuser ... zu harmonisieren. Oder ein großes Kosmoton, angebracht am Ortsschild, das die ganze Ortschaft/ Stadt harmonisiert.

Ich widme diese Seiten ganz bewußt der Medizin des Kosmotons, weil ich es als Helfer erkenne, den wir für die nächsten fünf Jahre dringend brauchen können. Es ist die einzige Medizin, die ich kenne, die als äußeres Hilfsmittel wirklich das Holistische aufweckt. Es hilft jedem, das Neue zu verstehen und ihm nicht mit Angst zu begegnen, sondern wissend.

Es erinnert an das Gesetz: Makrokosmos = Mikrokosmos, also: Universum = Mensch. Es unterstützt meine Suche nach mir, mich als Wunder der Schöpfung zu begreifen. Es öffnet mir den Weg zur Ebene Gottes, zum Neuen Plan, und einigt ihn zu dem meinigen durch die Tat meiner Verwirklichung. Ich erkenne mich selbst, und ich erkenne Gott, und ich weiß, daß wir eins sind.

3. Der Moldavit — der „neue Stein der Weisen"

> „Außen zerfällt alles —
> innen entsteht das Neue ...
> Die Welt — der Stein, der Ast, das Pferd,
> sie alle warten, daß ihr endlich e i n s
> werdet,
> MENSCH werdet."
>
> *Die Antwort der Engel*

Letztes Jahr wurde der Moldavit wieder wachgeträumt von Menschen, die sich seiner aus anderen Zeiten erinnerten. Der Moldavit hat sich mir als absolut stimmiges Heilinstrument für das aktuelle Geschehen auf unserem Planeten offenbart, so daß ich hier seine Medizin mitteilen will.

Der Moldavit ist ein außerirdischer Stein, der „grüne Kristall aus dem Weltraum". Er fiel vor ca. 15 Millionen Jahren aus dem All direkt in die Moldau in der Tschechoslowakei. Nur dort wurde er gefunden. Die Menschen kennen ihn auf der Erde seit 25 000 Jahren. Sein eigentlicher Sanskritname ist „Agni Mani", was Feuerperle bedeutet. Seine Legenden sind verwoben mit dem Heiligen Gral, wo es heißt, daß ein Smaragd aus der Krone Luzifers, des Lichtbringers, auf die Erde fiel. Auch mit dem Heiligen Stein von Shambala wird er in Verbindung gebracht. Der Moldavit zählt zu den seltensten Steinen. Er gehört zur Familie der Tektide, der glasigen Meteoriten. In alten Zeiten wurde er von Königen und Priestern in einer Krone getragen, direkt über dem Dritten Auge. Er wurde als besonderes Geschenk der Götter geehrt. Er schenkte seinen Trägern das innere Sehen, die Hellsichtigkeit. Mit den aufziehenden Mächten des Verstandes geriet der Moldavit wie soviel anderes Wissen in Vergessenheit. Seine Wiedergeburt zu Beginn eines neuen Zeitalters ist ein Zeichen, das wir verstehen, wenn wir uns genauer ansehen, welche Medizin der Moldavit besitzt:

Der Moldavit beschleunigt genau den Prozeß, der dies ganze Buch hindurch immer wieder als der „Neue Plan" geschildert wurde: Er führt uns in die Multidimension, in die unendliche Weite des Kosmos, und läßt uns mit diesen Energien tanzen. Durch ihn kommt ein neues Licht auf die Erde und in die Herzen der Menschen. Seine Energie ist keine irdische. Das fühlt man sofort, wenn man ihn in der Hand hält. Er gibt eine warme Vibration ab und zieht einen fast aus dem Körper heraus, öffnet die Fontanelle und erinnert an die eigentliche Heimat im All. Er verknüpft einen mit dem Höheren Selbst. Er schenkt Licht und Bewußtsein und fördert das Channeln, den Energiefluß von oben. Er heilt das Herzchakra, das Dritte Auge und die Fontanelle. Gefunden wird er als rauhe, amorphe Form, die im Gegensatz zu anderen Meteoriten ein transparentes grünes Licht zeigt. Er fördert die Ausdehnung des Bewußtseins und öffnet unsere Antennen für die entferntesten Galaxien im All. Er ist ein wunderbares Instrument zur Symphonie der All-Einheit. Er macht die „Himmelfahrt" möglich. Er wirkt stärker, wenn er geschliffen wird, zum Beispiel in die Form der Herkemer oder der klassischen Pyramide. Die Energie, die der Moldavit ausstrahlt, manifestiert die Jakobsleiter, den Aufstieg zum Himmel, zum Licht. Manchen Menschen schenkt er einen Schutzengel oder einen spirituellen Führer, der ihn sicher durch den Wechsel geleitet. Er ist ein wunderbarer Helfer bei den Astralreisen zum Hologramm und unterstützt den Reinigungsprozeß der gesamten astralen Energien auf unserem Planeten. Er übertrifft bei weitem die Energie der Kristalle, weil er universell wirkt, nicht individuell.

Nach jeder Anwendung muß der Stein gewaschen werden (nie Salzwasser verwenden!). Wer eine Pyramide hat, kann ihn anschließend für eine Stunde unter die Pyramidenspitze legen. Wer sich einen Moldavit fassen läßt, achte darauf, daß kein Kupfer oder Silber gewählt wird, sondern Gold. Jedem Menschen schenkt der Moldavit Klarsicht für seine Vision. Er verbindet alle Lichtarbeiter und stärkt ihr Vertrauen in die Wiedergeburt des Lichts.

IV. Vision

„... Geht an den Ort eurer Stille. Dehnt euch aus und fließt über in den großen Strom des Lichts. Zentriert in euch das Feuer des Sehens zum Brennpunkt des Ewigen Seins. Ich öffne jetzt mein Inneres und gebe die schwarze Erde preis. Hört den Sturm, er hat begonnen. Seht, er wirbelt nach oben, was für das Neue unbrauchbar geworden. Die Kruste ist gebrochen, der Panzer aus Leid und Trennung, ich bin seiner müde. Der Sog von oben wächst, die Spannung spannt ein letztes Mal, die Enge reißt, ein mächtiger Drache verschlingt das astrale Geschlänge, das meinen Leib erstickt, und entfliegt mit seiner Beute für alle Zeiten aus meinem Traum. Hoch oben über meine neue Öffnung zieht ihn das neue Licht hinweg. In mir zittert das erstickte Leben, meine Haut ist schutzlos, fein und transparent. Ich friere. Ich schüttle mich und dehne mich aus. Öffnet eure Augen und seht hinab in mein Zentrum, wo das Feuer meiner Liebe sich mehrt, es drängt nach oben, es sehnt sich zu dem neuen Licht, von dem es schon so lange geträumt. Spürt ihr das Wogen der Erde? Es sind meine Wehen, sie leiten die Geburt meines inneren Feuers ein... Jetzt ist der Damm gebrochen, die Flut wölbt sich nach außen, das Geheimnis des Neuen Kindes wird offenbar. Seid ohne Furcht. Empfangt das Neue Kind mit offenem Herzen und nährt es mit eurer Liebe. Achtet auf den Strahl der Freude. Nur über die Freude können sich unsere Herzen weiter begegnen. Bleibt ihr in der Enge, in der Furcht stecken, ist das Band zerrissen. Die Geburt meines Neuen Kindes ist der lichte Mensch. Erkennt das Zeichen! Gebärt mit mir in euch das gleiche Kind des Lichts... Jetzt blickt nach oben. Die Schwarze Sonne! Sie hat ihr Licht verfinstert, aber nur für einen Atemzug, bis sich das zu Schwarz Verdichtete völlig zu Licht erlöst. Es ist die Dämmerung des Neuen Morgens. Es ist nur der stille Raum, das Anhalten der Welt, wo das Licht verweilt, nachdem es ausgestrahlt und sich neu wieder füllt.

Seht die Stille. Keine Bewegung. In mir wird alles leer. Die große Ebene des Nichts; kein Baum, keine Pflanze, kein Tier, kein Mensch. Alles schweigt. Es tut so gut, daß nichts mehr spricht. Ihr seid sicher in einer Höhle und wartet. Verstärkt euer ganzes Sehen, die Feuerperle eures einen Auges werft nach außen und umkreist mein ganzes Sein. Seht ihr, wie alles Leid ausgebrannt! Ich öffne euch jetzt den Tunnel, den Durchgang zum Neuen Leben. Er ist lang. Habt Vertrauen, geht, setzt einen Schritt vor den anderen, noch trage ich euch. Bedeckt das alte Auge und seht mit dem neuen. Denn das Licht am Ende des Tunnels ist gleißend hell. Es lischt das Alte aus. Gebt euch hin. Es tut gut. Achtet auf den letzten Schritt im Tunnel: der neue Schritt, der folgt im Licht, hat keinen festen Boden mehr. Tretet ein. Ja, hier gibt es keine Erde und keinen Himmel mehr. Hier ist Hohe Zeit der Liebenden. Ich empfange den Neuen Samen des himmlischen Geliebten. Tretet näher, er erwartet auch euch. Hier ist alles Leben durch die Energie des Lichts vereint. Wir haben meinen Kreis verlassen. Ich habe mein altes Gewand abgelegt. Wir sind in einen größeren Kreis eingetreten. Wir sind in unserem Traumkörper und bereiten uns gemeinsam auf den Neuen Traum vor. Wir empfangen die neuen Organe, damit wir die Geburt ins Licht gut ausgerüstet antreten können. Seht mich an, seht euch an: Alles ist transparent, durchsichtig, es gibt kein Verborgenes mehr, das man nach außen verheimlicht. Innen und außen existieren nicht mehr. Auch kein Oben und Unten. Alles ist rund. — Die Kraft schwillt an, das Neue Licht ruft, die Bewegung zum Licht, laßt euch ergreifen. Der Magnet des Lichts. Alle Augen träumen es wach: im Osten gebärt sie sich, die Neue Sonne, sie zündet einen Neuen Himmel auf eine Neue Erde. Mit ihrem Licht explodiert das Neue, aus tausend Sonnen fallen Perlen und erwecken das neue Leben: junge Büsche, zarte Wasseradern aus frischen Quellen, weiches

Gestein, das langsam erst zu Fels erkaltet. Täler mit neuen Liedern, die den Blumen, Bäumen, Vögeln und allen Tierverwandten zurufen. Und als Stein, Pflanze und Tier zum neuen Traum erwacht, hört, da rufen sie euch, den Zweibeiner. Und ihr kommt, direkt aus dem Meer der Sonnen taucht ihr ein in die Neue Erde. Alles freut sich auf euer Kommen. Spürt den ersten Schritt auf mir. Ja, euer Fuß strahlt, blickt um euch: Alles strahlt. Alles ist erfüllt von Licht. Ihr spürt, ihr seid er-füllt im Licht, es ist nichts mehr da, was euch vom Licht trennt, nicht einmal ein Gedanke. Das Persönliche ist aufgeho-ben. Ihr seid Licht. Das Licht der Welt, das Göttliche Licht. Jetzt seid ihr endgültig aus dem Fall in die Zwei-heit erlöst. Erinnert ihr euch nicht an den Garten? Schaut euch um. Erkennt ihr den Baum der Erkenntnis? Ihr seid nach Hause gekommen. Das Unbewußte ist mit der alten Welt verbrannt im Feuer der Reinigung. Aufgestiegen ist das *eine* Bewußtsein. Fühlt die *Erfüllung* in euch. Es gibt keinen Mangel mehr. Dahin ist alle Einbildung des Un-terscheidens. Geleert ist der letzte Tropfen der Sucht, nach euch zu suchen. Wir sind angekommen. Fühlt ihr, daß wir den alten Platz, die alte Position verlassen haben? Habt ihr den Zug nach oben wahrgenommen? Das Neue Licht hat unseren „Fall" korrigiert und mich, den Planeten Erde, aus meiner verrückten Stellung ent-lassen. Ich habe einen neuen Platz bekommen im Göttli-chen Plan. Um mich sind neue Gefährten, neue Planeten, ein neuer Mond. Ich bin *aufgestiegen* ins Neue Licht. Ich freue mich, daß ihr mit mir seid. Seht, es gibt keine Rassen mehr unter euch und keine Kontinente, die sich voneinander trennen. Grenzenlose Öffnung für euer Sein im Licht. Kein Gedanke mehr, der euch trennen kann von Gott. Als Götter wandert ihr auf meiner lichten Erde. Es ist vollbracht!"

Literaturempfehlung

1. Rhea Powers, *Aufruf an die Lichtarbeiter; Zeit zur Freude; Heimkehren ins Licht;* Christa Falk Verlag, Planegg
   Die Bücher von Rhea channeln Sanat Kumara, ein Lichtwesen einer höheren Dimension. Er gibt heilende Übungen für die Vorbereitung der Neuen Erde.

2. Chris Griscom, *Zeit ist eine Illusion,* Goldmann Taschenbuch, Reihe: Esoterik 980.
   Chris zeigt anhand der past-life-Arbeit den Weg aus der Dreidimension des Ego in die Multidimension des Höheren Selbst.

3. Gitta Mallasz, *Die Antwort der Engel; Die Engel erlebt;* Daimon Verlag, Zürich.
   Dokumentation, was die Engel zur Zeit des Wandels künden. Zeigt die Macht der Worte.

4. Marielu Lörler, *Die Hüter des Alten Wissens* (Theorie und Praxis des Medizinrads), Schönberger Verlag, München.
   Öffnet das Wissen des Medizinrades, den Weg zur inneren Quelle der All-Einheit.

5. John Milewski, *The Crystal Source-Book,* Mystic Crystal Publics.
   Ein globales Werk zur Anwendung der Kristallmedizin.

6. Ken X. Carey, *Sternenbotschaft,* Christa Falk-Verlag, Planegg
   Ein Lichtwesen „Raphael" spricht über den Wechsel.

7. Alle Bücher von Castaneda (vor allem der 7. und 8. Band), Fischer Taschenbuch Verlag.

8. José Argüelles, *The Earth Ascending*.

9. Die Bücher von Kübler-Ross.

10. Boris und Lena Nikitin, *Die Nikitin-Kinder, Ein Modell frühkindlicher Erziehung*, Kiepenheuer u. Witsch.

Adresse für das Kosmoton (bei der Autorin):
8221 Petting, Hauptstr. 3

Marielu Lörler

Die Hüter des alten Wissens

— Schamanisches Heilen
im Medizinrad

ch. falk-
verlag

Schönberger
Verlag

Marielu Lörler/
Georg Schmidt

für Kinder:

Jacomos
Regenbogentraum
Jacomo
baut ein Medizinrad